UCA
Universidad
de Cádiz

Escuela Superior
de Ingeniería

PROYECTO DE REGLAMENTO Y PLAN DE PREVENCIÓN DE RIESGOS LABORALES EN LA POLICÍA LOCAL DE CÁDIZ

AUTOR: JOSE CARLOS VERA JIMENEZ

Cádiz, octubre de 2015

MÁSTER UNIVERSITARIO EN PREVENCIÓN DE RIESGOS LABORALES POR LA UNIVERSIDAD DE CÁDIZ

PROYECTO DE REGLAMENTO Y PLAN DE PREVENCIÓN DE RIESGOS LABORALES EN LA POLICÍA LOCAL DE CÁDIZ

DIRECTOR: JOSÉ ENRIQUE DÍAZ VÁZQUEZ

COODIRECTOR: FRANCISCO FERNANDEZ ZACARIAS

AUTOR: JOSE CARLOS VERA JIMENEZ

Cádiz, octubre de 2015

INDICE

Capítulo 1 -. Introducción

A día de las Policías Locales en España se encuentran en desprotección en cuanto a la Prevención de Riesgos Laborales, no teniendo legislación alguna que facilite esa protección a la que tiene derecho todo trabajador.

La Constitución Española, en su artículo 40, incluye, entre los principios rectores de la política social y económica, el mandato dirigido a los poderes públicos de velar por la seguridad e higiene en el trabajo

El Gobierno de España desarrolla tres Reales Decretos, tras la sanción de la Sala Segunda del Tribunal de Justicia de las Comunidades Europeas (TJCE) que condenó a España, en la sentencia del 12 de Enero de 2006 (asunto C-132/2004, Diario Oficial Comunidades Europeas [DOCE] de 11 de Marzo de 2006), como consecuencia del incumplimiento de parte de las obligaciones especificadas en los artículos 10 CE y 249 TCE, así como las impuestas por la Directiva 89/391/CEE del Consejo, del 12 de Junio de 1989, artículos 2 y 4 de dicha normativa, relativas a la aplicación de medidas de mejora de la seguridad y salud de los trabajadores en el trabajo, en lo que respecta al personal no civil de las Administraciones Públicas.

- ✓ RD 179/2005 de 18 de Febrero de Prevención de Riesgos Laborales en la Guardia Civil.
- ✓ RD 2/2006 de 16 de Enero, de Prevención de Riesgos Laborales en la Actividad de los Funcionarios de la Policía Nacional.
- ✓ RD 1755/2007 de 28 de Diciembre de Prevención de Riesgos Laborales del Personal Militar de las Fuerzas Armadas.

Quedando excluidos de estos desarrollos legislativos los policías locales.

Actualmente los pasos dados en PRL, han venido de la mano de peticiones y recursos presentados por diferentes sindicatos de policía local.

Por lo que desde mi Trabajo fin de Master, propongo la creación de un Reglamento de Prevención de Riegos Laborales, para la Policía Local de Cádiz, en la línea de los Reales Decretos creados por el gobierno de España en esta materia, los cuales permitan implantar un Plan especifico de Prevención de Riesgos Labores, donde el desempeño normal de las funciones policiales especificas, se desarrollen dentro de este plan de prevención y las funciones generales de labores administrativas se adapten al Plan de Prevención de Riesgo Laborales municipal.

Capítulo 2 Objetivo del trabajo.

Considerando que el fin último de toda actuación preventiva es el control de las situaciones de riesgo para la eliminación de los daños y la mejora de las condiciones de seguridad y salud de los trabajadores, y planteando como objetivo principal en esta materia, la Prevención de Riesgos laborales en la Policía local de Cádiz.

El policía en el desempeño de sus funciones, se ve expuesto a numerosos riesgos, los cuales deben ser analizados de manera especifica, para poder establecer las líneas de formación que minimicen la exposición a los mismos, ya que en muchas ocasiones no pueden ser evitados, al ser la propia legislación la que obliga a intervenir.

Son muchos los policías lesionados y fallecidos en las intervenciones policiales, tanto es así que solo echando un vistazo a las notas de prensa que les relaciono, así como a las peticiones de secciones sindicales, podéis ver la necesidad de valorar a fondo estos hechos y poner la medidas oportunas para reducirlos.

Siendo el objetivo principal, la implantación de este Plan de Prevención de Riesgos Laborales, donde el análisis de los puestos de trabajo, los equipos de protección que se dote a los policías y la formación especifica en estas materias, desde el punto de vista de prevención de riesgos laborales como expuse en mi Trabajo fin de Grado, reduzcan estas lesiones y muertes que cada vez son mas habituales.

Notas de prensa 1
Fuente: Europa press. Visto el día 1 de octubre de 2015
http://www.europapress.es/andalucia/cadiz-00351/noticia-agente-policia-pierde-ojo-ser-atacado-cara-puerto-serrano-20150118095338.html

europa press

andalucía / Cádiz

Almería   Cádiz   Córdoba   Granada   Huelva   Jaén   Málaga   Sevilla

Sostenible   Turismo   Cultura Andaluza   Plan Supera Sevilla   Es Andalucía

— LOS ATACANTES SE DIERON A LA FUGA —

Un agente de policía pierde el ojo al ser atacado en la cara, en Puerto Serrano

Directorio: Policía   La Guardia   Cádiz   Emergencias

Publicado 18/01/2015 9:53:38 CET

CÁDIZ, 18 Ene. (EUROPA PRESS) -

Dos agentes de la Policía Local de Puerto Serrano (Cádiz) han sido agredidos en la noche de este sábado por un grupo de atacantes en el citado municipio, una agresión en la que uno de los policías ha perdido el ojo.

Según han informado a Europa Press fuentes del Servicio Coordinado de Emergencias del 112, el altercado tuvo lugar a las 23,40 horas de este pasado sábado, cuando los dos policías fueron agredidos por un grupo de jóvenes que aún no han sido identificados. Uno de ellos fue rociado con gas pimienta en la cara, mientras que el otro fue atacado con arma blanca, también en la cara, y a causa de ello ha perdido un ojo. Tras la agresión, los atacantes huyeron en un turismo.

La Guardia Civil se ha hecho cargo de la investigación y aún continúan buscando a los atacantes. Los servicios sanitarios se hicieron cargo de los dos policías, de los cuales el atacado por gas pimienta ya ha sido dado de alta, mientras que el agente que ha perdido el ojo continúa ingresado en el hospital.

Notas de prensa 2
Fuente: El Mundo. Visto el día 1 de octubre de 2015
http://www.elmundo.es/madrid/2015/01/02/54a682e1e2704ebe658b457c.htm
l

Muere un policía arrollado por un tren en la estación de Embajadores

- El agente Francisco Javier Ortega, de 28 años, estaba pidiendo la documentación a un hombre de 28 años y raza negra y ambos terminaron cayendo a las vías del tren

- Ortega fue atropellado de lleno por el convoy, mientras que el otro hombre sufrió un traumatismo craneoencefálico severo y permanece en estado crítico

- El hombre que ha empujado al agente ha sido detenido al menos nueve veces en España

Momento en el que el supuesto ladrón agarra y arrastra al agente a la vía, justo antes del paso de un tren.

Notas de prensa 3
Fuente: El Mundo. Visto el día 1 de octubre de 2015
http://www.elmundo.es/espana/2014/11/28/54788c04268e3eb53b8b456b.html

EL MUNDO

Edición España ∨   *Versión* *Clásica* ∨   SUSCRÍBETE   INICIAR SESIÓN ∨

SECCIONES   España   Madrid   Andalucía   Baleares   Cataluña   Comunidad Valenciana   País Vasco

METEOROLOGÍA » Llega la primera ola de frío: consulte la previsión del tiempo.

SUCESOS Asalto a una sucursal de Abanca

Fallecen una policía y un atracador en un tiroteo en Vigo

- El asaltante recibió varios disparos de los agentes
- La agente fallecida tenía 36 años
- Un subinspector de la Policía recibió cinco disparos
- Está herida una mujer de 36 años que fue tomada como rehén
- Álbum: Tiroteo en una sucursal bancaria de Vigo

NATALIA PUGA Especial para EL MUNDO Pontevedra
EUROPA PRESS Vigo
Actualizado: 28/11/2014 **13:14 horas**   265

Un tiroteo entre un atracador y la **Policía Nacional** a las puertas de una sucursal bancaria de **Vigo** se ha saldado este viernes con dos fallecidos y dos heridos. Los muertos son una policía, **Vanessa Lage Carreira**, de 36 años, y el asaltante, **Enrique Lago Fariñas, alias El Escayolista**. Aunque desde la Delegación del Gobierno en Galicia en un primer momento no se había identificado al asaltante, otras fuentes de la investigación sí indicaron que se trataba de un hombre de nacionalidad española de unos 50 años con antecedentes por delitos violentos.

Notas de prensa 4
Fuente: Onemagacine. Visto el día 1 septiembre de 2015
http://www.onemagazine.es/index.asp

Las cuatro peticiones que hacen los agentes de policía para evitar que muera otro compañero

Última actualización: 16/01/2015@09:46:00 GMT+1

Me gusta Compartir 995   8+1 0   Twittear 116

Los tres **sindicatos** mayoritarios de la **Policía** –el Sindicato Unificado de Policía, la **Confederación Española de Policía**, y el **Sindicato Profesional** de Policía- han dirigido un **escrito** a su director general, **Ignacio Cosidó**, para trasladarle la necesidad de que los agentes sean **dotados con medios** que puedan "contrarrestar los comportamientos **violentos**" de una manera "**proporcional, oportuna y congruente**".

Las tres organizaciones que suscriben la misiva, y que representan a la mayor parte de los funcionarios del **Cuerpo Nacional de Policía**, considera que es el momento de "estudiar la introducción de **medios materiales intermedios de defensa policial**", como **armas incapacitantes no letales**, "que puedan ser empleadas de modo racional y apropiado", subrayan en su escrito. Las armas no letales permiten **paralizar al delincuente para detenerlo**, pero en ningún caso para matalo.

En la misma carta, los sindicatos proponen cuatro medidas concretas al director general de la Policía, para su implantación progresiva -siempre tras la realización de un estudio riguroso-:

1- Pistolas eléctricas de defensa: Estos aparatos lanzan pequeñas descargas con las que el sujeto queda temporalmente inmovilizado.

2- Defensas extensibles: son extensiones de metal a las porras con las que ya cuentan que, al desplegarse, producen un ruido disuasorio.

3- Espráis de defensa policial, con los que lanzan gases que causan molestias al sujeto,facilitando su detención.

4- Plan Nacional de Formación en Procedimientos Operativos y Defensa Personal Policial, con el que mejorar la capacidad de los agentes "en las distintas áreas de intervencion", según el escrito. Los sindicatos piden que los cursos se incluyan dentro de la jornada laboral del agente.

"Cada vez resulta más frecuente –se quejan los agentes- ver en los **medios de comunicación** imágenes que evidencian las **frágiles condiciones** en las que los policías desarrollamos nuestras intervenciones diarias, donde la **agresividad** y la **peligrosidad** quedan patentes, y donde la **falta de medios y la especialización** también quedan desacreditadas".

Notas de prensa 5
Fuente: El Mundo. Visto el día 1 de octubre de 2015
http://www.elmundo.es/andalucia/2014/05/21/537ce5cd268e3ef00c8b4586.html

Un policía muere tras ser apuñalado en Málaga

Capítulo 3 Fundamentos teóricos

Las Policías Locales en España, aun se encuentra sin legislación sobre Prevención de Riesgos Laborales que les proteja, por lo que a continuación os relato el amparo jurídico que hace necesario tal regulación:

1. La Directiva 89/391/CEE del Consejo, del 12 de Junio de 1989[1], relativa a la aplicación de medidas para promover la mejora de la seguridad y de la salud de los trabajadores en el trabajo. En su articulo 2.2, expone que: La presente Directiva no será de aplicación cuando se opongan a ello de manera concluyente las particularidades inherentes a determinadas actividades especificas de la función pública, por ejemplo, en las Fuerzas Armadas o la Policía, o a determinadas actividades especificas en los servicios de Protección Civil.

En este caso, será preciso velar para que la seguridad y la salud de los trabajadores queden aseguradas en la medida de lo posible, habida cuenta los objetivos de la presente Directiva.

2. La Ley 31/1995, de 8 de noviembre, de Prevención de Riesgos Laborales[2], en su artículo 3.2 dice que: La presente ley no será de aplicación en aquellas actividades cuyas particularidades lo impidan en su ámbito de aplicación de las funciones públicas: Policía, Seguridad y Resguardo Aduanero, servicios operativos de Protección Civil, peritaje Forense en caso de grave riesgo, catástrofe y calamidad publica.

No obstante esta ley inspirará la normativa especifica que se dicte para regular la protección de la seguridad y salud de los trabajadores que prestan servicios en las indicadas actividades.

3. La Sala Segunda del Tribunal de Justicia de las Comunidades Europeas (TJCE) que condenó a España, en la sentencia del 12 de Enero de 2006 (asunto C-132/2004, Diario Oficial Comunidades Europeas [DOCE] de 11 de Marzo de 2006)[3], como consecuencia del incumplimiento de parte de las obligaciones especificadas en los artículos 10 CE y 249 TCE, así como las

impuestas por la Directiva 89/391/CEE del Consejo, del 12 de Junio de 1989, artículos 2 y 4 de dicha normativa, relativas a la aplicación de medidas de mejora de la seguridad y salud de los trabajadores en el trabajo, en lo que respecta al personal no civil de las Administraciones Públicas.

4. Tras la condena el Gobierno de España desarrolla tres Reales Decretos, dando protección a la Policía Nacional, la Guardia Civil y a las Fuerzas Armadas.

- RD 179/2005 de 18 de Febrero de Prevención de Riesgos Laborales en la Guardia Civil[4].
- RD 2/2006 de 16 de Enero, de Prevención de Riesgos Laborales en la Actividad de los Funcionarios de la Policía Nacional[5].
- RD 1755/2007 de 28 de Diciembre de Prevención de Riesgos Laborales del Personal Militar de las Fuerzas Armadas[6]

Quedando excluidos de estos desarrollos legislativos los Policías Locales, por lo que se hacen necesaria la aplicación de las propuestas que llevo a efecto en este trabajo, donde queda latente la necesidad de protección de estos trabajadores.

Figura 1: Fundamentos de aplicación de Prevención de Riesgos Laborales.

Fuente: Elaboración propia

Capítulo 4 Desarrollo del trabajo y resultados.

ÍNDICE GENERAL

ÍNDICE PROPUESTA DE REGLAMENTO DE LA POLICÍA LOCAL DE CÁDIZ

1. PROPUESTA DE REGLAMENTO DE LA POLICÍA LOCAL DE CÁDIZ[1]

Dicho reglamento, por el que se establecen normas sobre Prevención de Riesgos Laborales en la actividad de los funcionarios del Cuerpo de Policía Local de Cádiz.

La Constitución Española, en su artículo 40, incluye, entre los principios rectores de la política social y económica, el mandato dirigido a los poderes públicos de velar por la seguridad e higiene en el trabajo.

La Directiva 89/391/CEE del Consejo, de 12 de junio de 1989, relativa a la aplicación de medidas para promover la mejora de la seguridad y de la salud de los trabajadores en el trabajo, en su artículo 2, incluye en su ámbito de aplicación a todos los sectores de actividades públicas o privadas, exceptuando, cuando se opongan a ello de manera concluyente, las particularidades inherentes a determinadas actividades específicas de la función pública, por ejemplo, de las Fuerzas Armadas o la Policía, o a determinadas actividades operativas en los servicios de Protección Civil. No obstante, también declara que en estos casos será preciso velar para que la seguridad y la salud de los trabajadores queden aseguradas en la medida de lo posible, habida cuenta de los objetivos que esta norma comunitaria persigue.

Esta normativa, incorporada a nuestro ordenamiento jurídico por la **Ley 31/1995, de 8 de noviembre, de Prevención de Riesgos Laborales**, promulgada con el fin de promover la seguridad y salud de los trabajadores, tanto en el ámbito de las relaciones laborales reguladas por el Estatuto de los Trabajadores, como en las de carácter administrativo o estatutario del personal civil al servicio de las Administraciones públicas, establece expresamente su inaplicación a aquellas actividades cuyas particularidades lo impidan en el ámbito de determinadas funciones públicas, entre las que cita expresamente las de policía y seguridad, si bien establece también que dicha Ley inspirará la normativa específica que se dicte para regular la protección de la seguridad y la salud de los trabajadores que prestan sus servicios en las indicadas actividades.

Es evidente que gran parte de las tareas que desarrollan en el ejercicio de su actividad profesional los funcionarios del Cuerpo de Policía Local se incardinan plenamente en la excepción de la Ley a que se hace referencia en el párrafo anterior; sin embargo, ello no significa que no deban adoptarse las medidas adecuadas en orden a la protección y salud de los funcionarios de dicho colectivo policial, sino que a tenor, tanto de la especial naturaleza de las funciones que realizan, como de los medios que han de utilizar para llevarlos a cabo, y de las peculiaridades de su régimen estatutario, resulta necesaria una regulación particular, en la que dichos aspectos sean tenidos en cuenta.

Consecuentemente con dichas premisas, el presente real decreto establece el marco normativo que ha de regir los distintos aspectos referidos a la seguridad y salud laboral de los funcionarios del Cuerpo de Policía Local en el ejercicio de sus funciones. Así, inspirándose en los preceptos de la **Ley 31/1995**, de 8 de noviembre, se establece el servicio de protección en el ámbito de la Policía Local de Cádiz, se articula la participación y representación de los funcionarios en las funciones de prevención y el órgano de vigilancia, siguiendo el modelo general de la Administración Pública, adaptado a las peculiaridades de la Policía.

CAPÍTULO I Objeto y ámbito de aplicación

Artículo 1. Objeto.

Este reglamento tiene por objeto adoptar las medidas necesarias para promover la seguridad y salud en el trabajo de los funcionarios del Cuerpo de Policía Local, aplicando los principios y criterios contenidos en **la Ley 31/1995, de 8 de noviembre, de Prevención de Riesgos Laborales**, a las peculiaridades organizativas y a las especiales características de las funciones que tiene encomendadas.

Artículo 2. Ámbito de aplicación.

Este reglamento será de aplicación a la actividad de los funcionarios del Cuerpo de Policía Local que presten servicios a la localidad de Cádiz

A las funciones que realice el personal comprendido en el ámbito de aplicación de este reglamento que no presenten características exclusivas de las actividades de policía, seguridad y servicios operativos de protección civil, les será de aplicación la normativa general sobre prevención de riesgos laborales, con las peculiaridades establecidas para la Administración General del Estado, y las contenidas en este reglamento sobre el derecho de información al personal, órganos de representación, cauces de participación y órganos de prevención, seguridad y vigilancia de la salud.

CAPÍTULO II Prevención de riesgos y vigilancia de la salud

Artículo 3. Derecho a la protección frente a los riesgos laborales.

1. Los funcionarios del Cuerpo de Policía Local tienen derecho a una protección eficaz en materia de seguridad y salud en el trabajo. Tal derecho comprende el derecho a la información, a la formación en materia preventiva, a realizar propuestas y a participar en la prevención de todos los riesgos específicos que afecten a su puesto de trabajo o función y a la adopción de las medidas de protección y prevención aplicables a dichos riesgos. Igualmente será un derecho de estos funcionarios la vigilancia periódica de la salud, y ésta será inherente a la actividad llevada a cabo, sin perjuicio de los riesgos específicos que deben asumir los funcionarios de policía en situaciones de riesgo grave, catástrofe y situaciones de emergencia social. Todo ello de acuerdo con los términos que se señalan en este reglamento.

2. El Ayuntamiento de Cádiz adoptará las medidas necesarias orientadas a garantizar la seguridad y salud de los funcionarios del Cuerpo de Policía Local en todos los aspectos relacionados con el desarrollo de las actividades profesionales, dentro de las peculiaridades que comporta la función policial.

Artículo 4. Principios de la acción preventiva.

Las medidas a desarrollar en orden a promover las condiciones de seguridad y salud en el ámbito de la función policial se inspirarán en los siguientes principios generales:

a) Evitar los riesgos.

b) Evaluar los riesgos de imposible o muy difícil evitación.

c) Combatir los riesgos en su origen.

d) Adaptar el trabajo al funcionario, en particular en lo que respecta a la concepción de los puestos de trabajo, así como a la elección de los equipos, con objeto de reducir los posibles efectos negativos del trabajo en la salud.

e) Tener en cuenta la evolución de la técnica.

f) Priorizar la protección colectiva sobre la individual.

g) Estimular el interés de los funcionarios por la seguridad y la salud en el trabajo a través de adecuados mecanismos de formación e información.

h) Elegir los medios y equipos de trabajo más adecuados, teniendo en cuenta la evolución de la técnica, sustituyendo, siempre que sea posible por la naturaleza y circunstancias de los servicios a realizar, los que entrañen más riesgos por otros que supongan poco o ninguno.

i) Incorporar a los métodos y procedimientos generales de trabajo, así como, siempre que ello sea posible, a los dispositivos de servicios específicos, las previsiones más adecuadas, en orden a la salvaguarda de la seguridad y salud de los funcionarios.

j) Dar las debidas instrucciones a los funcionarios del Cuerpo de Policía Local.

Artículo 5. Integración de la prevención de riesgos laborales, evaluación de los riesgos y planificación de la actividad preventiva.

1. La prevención de riesgos laborales deberá integrarse en el sistema general de gestión de la actividad de los funcionarios del Cuerpo de Policía Local a

través de la implantación y aplicación de un plan de prevención de riesgos laborales que deberá incluir todos los elementos necesarios para realizar la acción de prevención de riesgos.

Los instrumentos esenciales para la gestión y aplicación del plan de prevención de riesgos son la evaluación de riesgos laborales y la planificación de la actividad preventiva a que se refieren los apartados siguientes.

2. La evaluación inicial de riesgos deberá realizarse teniendo en cuenta, con carácter general, la naturaleza de la actividad, las características de los puestos de trabajo existentes y de los funcionarios que deban desempeñarlos.

Igual evaluación deberá hacerse con ocasión de la elección de los equipos de trabajo, de las sustancias o preparados químicos y del acondicionamiento de los lugares de trabajo.

Cada cuatro años y, en todo caso, cuando se produzcan situaciones de daños para la salud, con ocasión de la introducción de equipos de trabajo que puedan generar riesgos nuevos no contemplados con anterioridad y cuando se evidencie una inadecuación de los fines de protección requeridos, se procederá a la revisión y actualización de la evaluación inicial o sucesivas de riesgos laborales.

3. Si los resultados de la evaluación pusieran de manifiesto situaciones de riesgo, se realizarán aquellas actividades preventivas necesarias para eliminar o reducir y controlar tales riesgos. Dichas actividades preventivas serán objeto de planificación por la Jefatura de la Policía Local de Cádiz, que se asegurará de la efectiva ejecución de las actividades preventivas incluidas en la planificación, efectuando para ello un seguimiento continuo de la misma.

Artículo 6. Equipos de trabajo.

1. La Jefatura de la Policía Local de Cádiz adoptará las medidas necesarias para que los equipos de trabajo sean adecuados para las tareas previstas y, a su vez, para que garanticen la seguridad y salud de los funcionarios y personal que los utiliza. Se ajustarán a lo dispuesto en su normativa

específica y se tendrán en cuenta las recomendaciones técnico-científicas existentes en su caso para el manejo de dichos medios.

Además de los folletos y manuales de uso que acompañen a los diferentes equipos, cuando su utilización implique complejidad técnica o una determinada cualificación, se proporcionará la formación adecuada a las personas encargadas de su manejo.

Se adoptarán medidas para que la manipulación y uso de material peligroso quede reservada exclusivamente a personas autorizadas, llevándose un adecuado control al respecto, así como de las incidencias producidas en su utilización.

2. La Jefatura de la Policía Local de Cádiz, proporcionará a los funcionarios del Cuerpo de Policía Local equipos de protección individual adecuados para el desempeño de sus funciones y velará por su uso efectivo y correcto de los mismos.

Artículo 7. Información, consulta y participación de los funcionarios.

1. Por la Jefatura de la Policía Local de Cádiz, se adoptarán las medidas adecuadas para que los funcionarios del Cuerpo de Policía Local reciban la información necesaria en relación con:

a) Los riesgos para la seguridad y la salud en el trabajo, teniendo en cuenta la naturaleza de la actividad que han de desarrollar.

b) Las medidas y actividades de protección y prevención adoptadas en relación con los riesgos indicados en el párrafo anterior.

c) Las medidas adoptadas en casos de emergencia a que se refiere el artículo 9.

La información a que se refiere el presente apartado se facilitará a los funcionarios, bien directamente o a través de los representantes que se señalan en el capítulo III.

2. La Jefatura de la Policía Local de Cádiz someterá a informe del órgano de representación que se señala en el artículo 15, aquellos planes y programas de carácter general que pretenda desarrollar, así como las disposiciones normativas que se proponga dictar en cuestiones que afecten a la seguridad y salud en el trabajo de los funcionarios.

3. Los funcionarios podrán efectuar las propuestas que consideren oportunas, dirigidas a la mejora de los niveles de protección de la seguridad y la salud, tanto a título individual directamente a través de sus superiores jerárquicos, como a través de los cauces de representación establecidos en el capítulo III.

Artículo 8. Formación de los funcionarios.

La Escuela de Seguridad Pública del Ayuntamiento de Cádiz deberá garantizar que, durante los procesos de formación para ingreso en el Cuerpo de Policía Local, en los cursos de capacitación para la promoción a las distintas categorías y en los cursos de especialización preceptiva para acceder al desempeño de aquellos puestos de trabajo que así esté establecido, cada funcionario reciba una formación teórica y práctica suficiente y adecuada en materia de prevención de riesgos laborales. Dicha formación también se impartirá cuando se introduzcan nuevas tecnologías o cambios en los equipos de trabajo.

El tiempo empleado por los funcionarios en los cursos o programas formativos se considerará tiempo efectivo de trabajo.

Artículo 9. Medidas de emergencia.

La Jefatura de la Policía Local de Cádiz, en función de la magnitud y tipo de actividad policial que se desarrolla en sus edificios e instalaciones, analizará las posibles situaciones de emergencia, adoptando las medidas necesarias de actuación para estos casos en materia de evacuación, lucha contra incendios y primeros auxilios. En razón del alcance de las posibles situaciones de emergencia, designará al personal adecuado para poner en práctica aquellas medidas y efectuará comprobaciones periódicas para verificar su correcto funcionamiento. El personal designado deberá poseer la formación necesaria y disponer de material adecuado para estos cometidos.

Artículo 10. Vigilancia de la salud.

1. La Jefatura de la Policía Local de Cádiz garantizará la vigilancia periódica del estado de salud de los funcionarios del Cuerpo de Policía Local, en orden a la prevención de los riesgos inherentes a la función policial.

Dichas actuaciones se concretarán, de manera fundamental, en la realización de reconocimientos médicos y en el desarrollo de campañas de inmunizaciones y de protección de la salud que en cada momento aconseje el análisis de los riesgos generales de la población y de los específicos de los funcionarios policiales.

2. Los reconocimientos médicos, así como las demás medidas sanitarias de carácter preventivo y la administración de vacunas, serán voluntarios, salvo que una norma establezca otra previsión para determinados casos, o cuando resulten necesarios para la detección de patologías que puedan causar grave riesgo para los propios funcionarios o para los ciudadanos, en cuyo caso serán de carácter obligatorio y se informará a los representantes de los funcionarios.

En todo caso se deberá optar por la realización de aquellos reconocimientos o pruebas que causen las menores molestias al funcionario y que sean proporcionales al riesgo.

La atención a grupos específicos de riesgo, ya sea por la actividad que desarrollan, por las condiciones medioambientales en que tienen lugar o por la utilización habitual de productos o equipos específicos que entrañen ciertos índices de peligrosidad, así como la actuación sobre individuos por tramos de edad, serán criterios a tener en cuenta, entre otros que se estimen adecuados, en la programación de los reconocimientos y las campañas inmunológicas a desarrollar.

3. Las medidas de vigilancia y control de la salud se llevarán a cabo respetando siempre el derecho a la intimidad y a la dignidad del funcionario y la confidencialidad de toda la información relacionada con su estado de salud.

4. Los resultados de la vigilancia a que se refiere el apartado anterior serán comunicados a los funcionarios afectados.

5. Los datos relativos a la vigilancia de la salud de los funcionarios no podrán ser usados con fines discriminatorios ni en su perjuicio.

El acceso a la información médica de carácter personal se limitará al personal médico y a las autoridades sanitarias que lleven a cabo la vigilancia de la salud de los funcionarios, sin que pueda facilitarse a otras personas sin consentimiento expreso del interesado.

No obstante lo anterior, los responsables de la Policía Local de Cádiz, a través del Servicio de Prevención de Riesgos Laborales, serán informados de las conclusiones que se deriven de los reconocimientos efectuados en relación con la aptitud de los funcionarios para el desempeño del puesto de trabajo o con la necesidad de introducir o mejorar las medidas de protección y prevención, a fin de que puedan desarrollar correctamente sus funciones en materia preventiva

6. Las medidas de vigilancia y control de la salud de los funcionarios se llevarán a cabo por personal sanitario con competencia técnica, formación y capacidad acreditada.

Artículo 11. Medidas de protección de la maternidad.

1. Las funcionarias del Cuerpo de Policía Local, durante los periodos de gestación, maternidad y lactancia, tendrán la adecuada protección en sus condiciones de trabajo, en orden a evitar situaciones de riesgo, tanto para

su propia seguridad y salud como para las del feto o lactante, debiendo adoptarse con este fin las medidas necesarias.

Al objeto de posibilitar la adopción de tales medidas, las interesadas deberán comunicar su estado de gestación o lactancia a través de la unidad en que presten sus servicios

2. Cuando los informes médicos así lo aconsejen, a las referidas funcionarias se les adecuarán sus condiciones de trabajo, eximiéndoles del trabajo nocturno o a turnos o adscribiéndoles a otro servicio o puesto de trabajo si fuera necesario, conservando el derecho al conjunto de las retribuciones de su puesto de origen, mientras persistan las circunstancias que hubieran motivado tal situación.

3. Durante los indicados periodos de gestación y lactancia, las funcionarias no manejarán máquinas, aparatos, utensilios, instrumentos de trabajo, sustancias u otros elementos que, de acuerdo con los informes médicos correspondientes, puedan resultar perjudiciales para el normal desarrollo del embarazo o la lactancia.

4. Con el fin de prevenir posibles daños en la salud de la embarazada o del feto, las funcionarias que se encuentren en estado de gestación podrán utilizar una vestimenta adecuada a su situación.

5. Asimismo se adoptarán las medidas oportunas para que a las funcionarias en dichas situaciones no se les reduzcan o cercenen sus derechos en orden a la promoción interna.

Artículo 12. Obligaciones de los funcionarios en materia de riesgos laborales.

1. Corresponde a cada funcionario policial, según sus posibilidades y mediante el cumplimiento de las medidas de prevención que en cada caso sean adoptadas, velar por su propia seguridad y salud en el trabajo y por la de aquellas otras personas a las que pueda afectar su actividad profesional, a causa de sus actos y omisiones en el trabajo, de conformidad con su

formación, las instrucciones de la Policía de Cádiz y la normativa reguladora en la materia

2. Los funcionarios deberán en particular:

1° Usar adecuadamente, de acuerdo con su naturaleza y los riesgos previsibles, las máquinas, aparatos, herramientas, sustancias peligrosas, equipos de transporte y, en general, cualesquiera otros medios con los que desarrollen su actividad.

2° Utilizar correctamente los medios y equipos de protección facilitados por la Policía Local de Cádiz.

3° No poner fuera de funcionamiento y utilizar correctamente los dispositivos de seguridad existentes o que se instalen en los medios relacionados con su actividad o en los lugares de trabajo en los que ésta tenga lugar.

4° Informar de inmediato a su superior jerárquico directo o al servicio de prevención, acerca de cualquier situación que, a su juicio, entrañe, por motivos razonables, un riesgo para la seguridad y la salud de los funcionarios.

5° Contribuir al cumplimiento de las obligaciones establecidas por la autoridad competente con el fin de proteger la seguridad y la salud.

6° Cooperar con la Policía Local de Cádiz, para que puedan garantizarse unas condiciones de trabajo que sean seguras y no entrañen riesgos para la seguridad y la salud de los funcionarios.

CAPÍTULO III Participación y representación de los funcionarios

Artículo 13. Participación y representación de los funcionarios.

Sin perjuicio de las funciones de la Policía Local , que se recogen en la Ley Orgánica 2/1986, de 13 de marzo, de Fuerzas y Cuerpos de Seguridad, la participación y representación de los funcionarios **del Cuerpo de Policía local** en las cuestiones relacionadas con la prevención de riesgos en el trabajo, así como con la seguridad y salud laboral derivadas del ejercicio de las funciones que le están atribuidas por la normativa vigente, se canalizará en la forma y por los representantes y órganos que se establecen en este capítulo.

Artículo 14. De los Delegados de prevención.

1. Los Delegados de prevención son los representantes de los funcionarios del Cuerpo de Policía Local en las materias específicas de prevención de riesgos laborales de la función policial.

2. Dichos delegados, que deberán tener la condición de funcionarios del Cuerpo de Policía Local, en situación de activo o de segunda actividad, serán designados por las organizaciones sindicales con representación en el comité de la forma siguiente.

a) Cada organización sindical con representación designará un delegado.

3. **Serán funciones de los delegados de prevención** dentro del ámbito territorial en que hayan sido designados:

a) Colaborar con los órganos de la Dirección General en la mejora de la acción preventiva.

b) Promover y fomentar la cooperación de los funcionarios en el cumplimiento de la normativa sobre prevención de los riesgos laborales que se establezca para las funciones de policía.

c) Tener acceso a la información y documentación relativa a las condiciones de trabajo que sean necesarias para el ejercicio de sus funciones.

d) Ser informados sobre los daños producidos en la salud de los funcionarios.

e) Recibir información de las actividades de prevención y protección desarrolladas por el Servicio de Prevención.

f) Realizar visitas a las dependencias policiales, previa comunicación al Jefe de las mismas, para ejercicio de las labores de vigilancia y control del estado de las condiciones de trabajo, pudiendo entrevistarse con los funcionarios durante la jornada laboral de manera que no se altere el normal desarrollo del servicio policial.

g) Solicitar a los responsables de los órganos policiales centrales o periféricos la adopción de medidas de carácter preventivo para mejorar los niveles de protección de la seguridad y salud de los funcionarios. Los responsables de los órganos policiales deberán dar repuesta expresa a dicha solicitud o informar sobre el trámite dado a ésta.

h) Ejercer la labor de vigilancia y control sobre el cumplimiento de la normativa de prevención de riesgos laborales, pudiendo acompañar a los técnicos de prevención en las evaluaciones de riesgos que realicen, así como en las visitas y verificaciones que hagan a los centros de trabajo, y formularles las observaciones que estimen oportunas.

4. El tiempo utilizado por los delegados de prevención para el desempeño de las funciones relacionadas en el apartado anterior, será considerado como de ejercicio de funciones de representación sindical.

5. La Escuela de Seguridad Pública del Ayuntamiento de Cádiz proporcionará a los delegados de prevención la formación y medios que resulten necesarios para el ejercicio de sus funciones. El tiempo dedicado a la formación será considerado como tiempo de trabajo a todos los efectos.

6. Los delegados de prevención deberán guardar sigilo profesional respecto a todas las informaciones que conozcan por razón o con ocasión del desempeño de sus funciones.

Artículo 15. De la Comisión de seguridad y salud laboral policial.

1. La Comisión de seguridad y salud laboral policial se constituye como órgano paritario y colegiado de participación de los funcionarios del Cuerpo de Policía Local, destinado a la consulta regular y periódica de las

actuaciones de la Administración, en materia de prevención de riesgos, seguridad y salud laboral. Ostentará la Presidencia de la Comisión aquel de estos últimos que desempeñe el puesto de trabajo de superior nivel, y actuará como Secretario el representante de la Administración que designe el Presidente. Serán funciones de la Comisión:

a) Conocer, informar las actuaciones y participar en la elaboración y aprobación de los planes y programas que la Administración se proponga desarrollar en orden a la seguridad y salud laboral de los funcionarios del Cuerpo de Policía local, así como respecto a la prevención de riesgos en la actividad policial.

b) Promover iniciativas sobre métodos y procedimientos para la efectiva prevención de los riesgos, proponiendo la mejora de las condiciones o la corrección de las existentes.

c) Debatir e informar las propuestas y consultas que se formulen en los Comités de seguridad y salud, en orden a homogeneizar las medidas y planes de prevención de la actividad policial en los distintos ámbitos territoriales.

d) Conocer y analizar los daños producidos en la salud o integridad física y psíquica de los funcionarios, los informes del servicio de prevención relativos a las condiciones de trabajo relacionadas con la seguridad y la salud laboral, al objeto de valorar las causas y proponer medidas oportunas.

e) Conocer e informar la memoria y programación anual del servicio de prevención.

Artículo 16. De los Comités de seguridad y salud.

1. Publicado en el Boletín Oficial de la Provincia de Cádiz, con número de boletín 242 de 22 de diciembre de 2010, el "REGLAMENTO DE REGIMEN INTERNO DEL COMITÉ DE SEGURIDAD Y SALUD DEL AYUNTAMIENTO DE CADIZ". Donde quedara incluida la policía Local y se creara un subcomité de seguridad y salud en la policía local de Cádiz.

Artículo 17. Funcionamiento de la Comisión de seguridad y salud laboral policial y de los Comités de seguridad y salud.

1. La Comisión de seguridad y salud laboral policial y los Comités de seguridad y salud se reunirán al menos una vez cada semestre la primera y cada trimestre los segundos y, además, todas aquellas otras que fueran necesarias para el cumplimiento de las funciones que respectivamente se le señalan en los artículos anteriores.

2. A las reuniones de dichos órganos podrán asistir, con voz pero sin voto, además de sus miembros respectivos, todas aquellas personas que en calidad de asesores o expertos en la materia de que se trate, consideren necesarias los representantes de la Administración o de los funcionarios.

3. La comisión y los comités adoptarán sus propias normas de funcionamiento.

CAPÍTULO IV Servicio de Prevención

Artículo 18. Servicio de Prevención.

1. Los establecidos por el Servicio Prevención del Ayuntamiento de Cádiz.

CAPÍTULO V Instrumentos de control

Artículo 19. Evaluación del sistema de prevención.

El sistema de prevención de riesgos regulado en este Reglamento se someterá a control periódico, mediante auditorías y evaluaciones, que serán realizadas cada cinco años por el Servicio Prevención del Ayuntamiento de Cádiz, que a dichos efectos podrá requerir el asesoramiento y colaboración de un servicio de prevención externo.

Si en la realización de tales auditorías y evaluaciones se detectara la existencia de situaciones de grave e inminente riesgo para la seguridad y la salud, que no deban ser asumidas en virtud de la naturaleza de las funciones que se realizan, se comunicará urgentemente al órgano competente para adoptar las medidas necesarias para su corrección. De las demás deficiencias observadas se elevará informe a la subdirección general competente, por conducto del servicio de prevención, con las recomendaciones que estimen convenientes para su solución.

Asimismo, en orden al cumplimiento de las funciones asignadas a la Inspección de Personal y Servicios de Seguridad, por el servicio de prevención se le remitirá copia de la memoria anual que elabore.

Los informes de las auditorías y evaluaciones estarán a disposición de los representantes de los funcionarios.

Disposición adicional primera. Medidas correctoras.

El procedimiento para la imposición de medidas correctoras de los incumplimientos en materia de prevención de riesgos laborales, en el ámbito a que se refiere este Reglamento, será el que se contempla en el Reglamento sobre procedimiento administrativo especial de actuación de la Inspección de Trabajo y Seguridad Social y para la imposición de medidas correctoras de incumplimientos en materia de prevención de riesgos laborales en el ámbito de la Administración General del Estado, **aprobado por el Real Decreto 707/2002, de 19 de julio,** a cuyo efecto, en el ámbito de las actividades exclusivas de policía, seguridad y servicios operativos de protección civil a que se refiere el artículo 2, las referencias que se hacen en el citado real decreto a la Inspección de Trabajo y Seguridad Social o a sus órganos o unidades territoriales, se entenderán hechas a la Inspección de Personal y Servicios de Seguridad de la Secretaría de Estado de Seguridad.

Disposición adicional segunda. Adaptaciones presupuestarias y de catálogo de puestos de trabajo.

Los gastos que se deriven de la ejecución de las medidas previstas en este reglamento deberán ser financiados por el ayuntamiento de Cádiz, dentro de los recursos que les sean asignados en el escenario presupuestario que se apruebe, de acuerdo con lo previsto en el **artículo 12 de la Ley 18/2001, de 12 de diciembre, General de Estabilidad Presupuestaria.**

Disposición adicional tercera. Inclusión de las materias de prevención de riesgos en los planes de formación, promoción y especialización en la Escuela de Seguridad Publica del Ayuntamiento de Cádiz.

La Escuela de Seguridad Publica del Ayuntamiento de Cádiz adoptará las medidas oportunas, para que en los planes de estudios de distintos cursos de formación para ingreso y promoción interna de la Policía Local de Cádiz, se incluyan obligatoriamente las materias relacionadas con la prevención de riesgos laborales en el ámbito policial. Asimismo, realizará las actuaciones oportunas en orden a propiciar la formación básica en materia de riesgos laborales de todos aquellos funcionarios, que no participen en los procesos a que se refiere el párrafo anterior o en cursos de especialización, en que dicha materia no sea contemplada como parte del programa.

Disposición adicional cuarta. Constitución de los órganos de prevención.

Los órganos de prevención que se recogen en este real decreto deberán constituirse en el plazo de un año, a partir de su entrada en vigor.

Una vez aprobado por el Pleno del Excmo. Ayuntamiento y publicado en el Boletín Oficial de la Provincia.

Cádiz, mes de xxx del xxx

EL CONCEJAL DELEGADO.

ÍNDICE PROYECTO DE PLAN DE PREVENCIÓN DE RIESGOS

LABORALES DE LA POLICÍA LOCAL DE CÁDIZ

2. PROYECTO DE PLAN DE PREVENCIÓN DE RIESGOS LABORALES DE LA POLICÍA LOCAL DE CÁDIZ

2.1. OBJETO O FINALIDAD

Se desarrolla Plan de Prevención de riesgos Laborales de la Policía Local de Cádiz, conforme a lo establecido en el artículo 16 de la ley 31/1995 de prevención de riesgos labores.

Las actividades que desarrollan los policías locales en el desempeño de sus funciones están contempladas como actividades de riesgo, en base a la directiva Europea y demás legislación establecida al efecto, hace necesario de la creación de un plan específico de PRL, el cual garantice la seguridad y salud de los Policías Locales, bajo los análisis de riesgo de sus actividades laborales y la implantación de unas medidas de seguridad y salud.

El gobierno de España desarrolla tres Reales Decretos, tras la sanción de la sala segunda del Tribunal de Justicia de las Comunidades Europeas (TJCE) que condenó a España, en la sentencia del 12 de Enero de 2006 (asunto C-132/2004, Diario Oficial Comunidades Europeas [DOCE] de 11 de Marzo de 2006), como consecuencia del incumplimiento de parte de las obligaciones especificadas en los artículos 10 CE y 249 TCE, así como las impuestas por la Directiva 89/391/CEE del Consejo, del 12 de Junio de 1989, artículos 2 y 4 de dicha normativa, relativas a la aplicación de medidas de mejora de la seguridad y salud de los trabajadores.

El Ayuntamiento de Cádiz Publica en el Boletín Oficial de la Provincia de Cádiz, con numero de boletín 242 de 22 de diciembre de 2010 el "REGLAMENTO DE REGIMEN INTERNO DEL COMITÉ DE SEGURIDAD Y SALUD DEL AYUNTAMIENTO DE CADIZ"[2], el cual deberá ser modificado, para incluir a la Policía Local de Cádiz, en el desarrollo especifico de sus labores, como así indica la sentencia.

2.2. LEGISLACION RELACIONADA:

- Directiva 89/391/CEE del Consejo, del 12 de Junio de 1989 [3].

- Ley 31/1995, Prevención de riesgos laborales [4].

- Ley 54/2003, reforma del marco normativo de la prevención de riesgos laboral [5].

- Real decreto 39/1997, Reglamento servicios de prevención [6].

- Real decreto 337/2010, modificación Reglamento servicios de prevención [7].

- Reglamento de régimen interno del comité de seguridad y salud del Ayuntamiento de Cádiz [8].

- LEY 25/2009, de 22 de diciembre, de modificación de diversas leyes para su adaptación a la Ley sobre el libre acceso a las actividades de servicios y su ejercicio. BOE nº 308 23/12/2009 [9].

- Artículo 16: Plan de prevención de riesgos laborales, evaluación de los riesgos y planificación de la actividad preventiva [10].

- Ley Orgánica 2/1986, de 13 marzo, de Fuerzas y Cuerpos de Seguridad [11].

- *Ley 13/2001, de 11 de diciembre de Coordinación de las Policías Locales en Andalucía* [12].

2.3. ALCANCE

Contemplara, la diversidad de secciones y puestos de trabajo que actualmente se realiza desde el personal perteneciente a la jefatura de la policía local y de la Escuela de seguridad pública del Ayuntamiento de Cádiz, haciendo hincapié en aquellas funciones de elevado riesgo, donde las medidas preventivas persiguen minimizar o eliminar las situaciones de peligro.

2.4. ELABORACIÓN Y REVISIÓN DEL DOCUMENTO

La elaboración de este plan de prevención debe ser llevada a cabo por personal cualificado con titulaciones oficiales en prevención de riesgos laborales, (poner representante sindicales y mandos de la jefatura de la policía local) además de conocimiento del desarrollo de las actividades policiales , en coordinación del servicio de prevención del Ayuntamiento de Cádiz, del cual depende los policías, bajo unas líneas de consecución de objetivos, basados en revisiones periódicas o en el caso de que se produzca cualquier cambio relevante que de a pie un nuevo riesgo que deba ser evaluad

2.5. DESCRIPCION DE LA EMPRESA

2.5.1. DISTRIBUCIÓN FUNCIONAL DE LA POLICÍA LOCAL

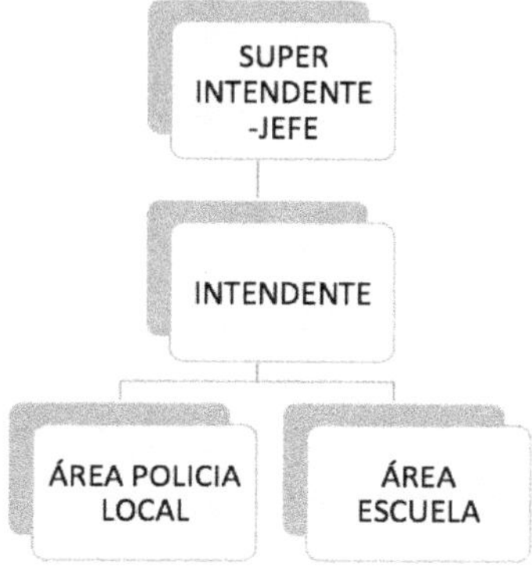

Figura 1: Distribución funcional PL Cádiz

Elaboración propia

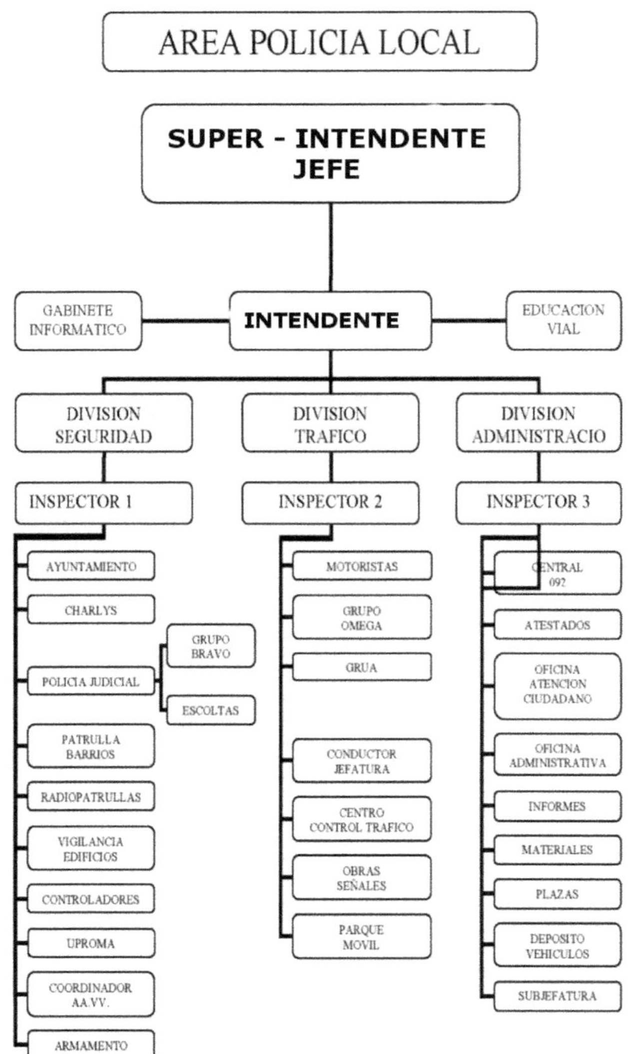

Figura 2: Distribución área PL Cádiz

Elaboración propia

2.6. ART. 52 DE LA LEY 2/1986, DE 13 DE MARZO, DE FUERZAS Y CUERPOS DE SEGURIDAD

"Los Cuerpos de Policía Local son Institutos armados de naturaleza civil, con estructura y organización jerarquizada, rigiéndose, en cuanto a su régimen estatutario, por los principios generales de los capítulos II y III del título I y por la sección 4.ª del capítulo IV del título II de la presente Ley, con la adecuación que exija la dependencia de la Administración correspondiente, las disposiciones dictadas al respecto por las Comunidades Autónomas y los Reglamentos específicos para cada Cuerpo y demás normas dictadas por los correspondientes Ayuntamientos.".

2.7. FUNCIONES DE LA POLICÍA LOCAL

Cada cuerpo policial tiene establecida por ley un campo de actuación competencial, alguna con carácter exclusivo y otras compartidas bajo los principios de mutua colaboración y cooperación. Evidentemente, los ciudadanos suelen desconocer el cometido primordial para la policía local, que son comunes a los distintos cuerpos que conforman nuestro diseño policial y no es otro que el consagrado en nuestro ordenamiento Constitucional, y entre los más destacables se enumeran:

- Proteger el libre ejercicio de los derechos y libertades
- Respeto de la ley y del orden
- Mantenimiento de la seguridad ciudadana
- Prevenir y combatir la delincuencia
- Policía al servicio de los ciudadanos
- Auxiliar y proteger a las personas y asegurar la conservación y custodia de los bienes.

2.8. FUNCIONES ESPECÍFICAS

Los Cuerpos de Policía Local deberán ejercer las siguientes funciones:

- Proteger a las autoridades de las Corporaciones Locales, y vigilancia o custodia de sus edificios e instalaciones.
- Ordenar, señalizar y dirigir el tráfico en el casco urbano, de acuerdo con lo establecido en las normas de circulación.
- Instruir atestados por accidentes de circulación dentro del casco urbano.
- Policía Administrativa, en lo relativo a las Ordenanzas, Bandos y demás disposiciones municipales dentro del ámbito de su competencia.
- Participar en las funciones de Policía Judicial, en la forma establecida en el artículo 29.2 de esta Ley.
- La prestación de auxilio, en los casos de accidente, catástrofe o calamidad pública, participando, en la forma prevista en las Leyes, en la ejecución de los planes de Protección Civil.
- Efectuar diligencias de prevención y cuantas actuaciones tiendan a evitar la comisión de actos delictivos en el marco de colaboración establecido en las Juntas de Seguridad.
- Vigilar los espacios públicos y colaborar con las Fuerzas y Cuerpos de Seguridad del Estado y con la Policía de las Comunidades Autónomas en la protección de las manifestaciones y el mantenimiento del orden en grandes concentraciones humanas, cuando sean requeridos para ello.
- Cooperar en la resolución de los conflictos privados cuando sean requeridos para ello.

1. Las actuaciones que practiquen los Cuerpos de Policía Local en el ejercicio de las funciones previstas en los apartados c) y g) precedentes deberán ser comunicadas a las Fuerzas y Cuerpos de Seguridad del Estado competentes.

2. En los municipios de gran población y en las Ciudades con Estatuto de Autonomía podrá asignarse, por el Pleno de la Corporación o por sus respectivas Asambleas, al ejercicio exclusivo de las funciones previstas en el párrafo b) del apartado 1 a parte de los funcionarios pertenecientes a las mismas, que tendrán la consideración de agentes de la autoridad, subordinados a los miembros de los respectivos Cuerpos de Policía Local, sin integrarse en las Fuerzas y Cuerpos de Seguridad y de manera que ello no comporte un incremento en el número de efectivos ni en los costes de personal."

2.9 DISTRIBUCIÓN DE SECCIONES DEL AREA DE POLICIA LOCAL

1. SUPERINTEDENTE -JEFE

- *Responsable ante el Alcalde y ante los ciudadanos del funcionamiento de la Policía Local.*

- *Director Técnico de la Escuela de Policía.*

- *Coordinación con otros Cuerpos Policiales.*

- *Relaciones con la prensa.*

- *Recursos Económicos.*

- *Recursos Materiales.*

1.1.   Horarios de trabajo.

Trabaja durante cinco días y luego tienen dos días de descanso, además de los festivos. Está sujeto a una disponibilidad de localización permanente telefónica, en turnos de una semana, cada cinco.

7 horas de trabajo cada día.

	Lunes	Martes	Miércoles	Jueves	Viernes	Sábado	Domingo
Mañana	X	X	X	X	X		
Tarde							
Noche							
Libre						X	X

Figura 3: Cuadrante turno de trabajo

2. INTENDENTE

- *Director Técnico en el área de Policía de la Escuela de Policía.*
- Jefatura de Personal.
- Relaciones Sindicales.
- Coordinador-Secretaria.
- Gabinete Informativo-Educación Vial.

2.1. Horarios de trabajo.

Trabaja durante cinco días y luego tienen dos días de descanso, además de los festivos. Está sujeto a una disponibilidad de localización permanente telefónica, en turnos de una semana, cada cinco.

7 horas de trabajo cada día.

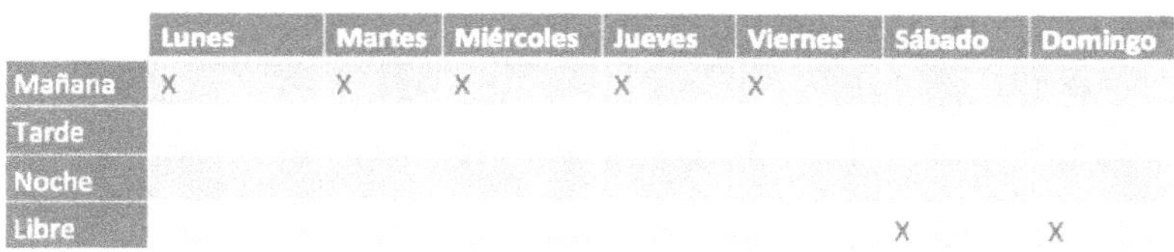

	Lunes	Martes	Miércoles	Jueves	Viernes	Sábado	Domingo
Mañana	X	X	X	X	X		
Tarde							
Noche							
Libre						X	X

Figura 4: Cuadrante turno de trabajo

3. INSPECTORES

3.1. Inspector 1:

- Jefe de estudios de la Escuela de Policía.

- Responsable División de Seguridad.

- Seguridad del Ayuntamiento.

- Seguridad de la Jefatura de la Policía.

- Policía de Barrio.

- Grupos Especiales.

- Venta Ambulante.

3.1.1. Horarios de trabajo.

Trabaja durante cinco días y luego tienen dos días de descanso, además de los festivos. Está sujeto a una disponibilidad de localización permanente telefónica, en turnos de una semana, cada cinco.

7 horas de trabajo cada día.

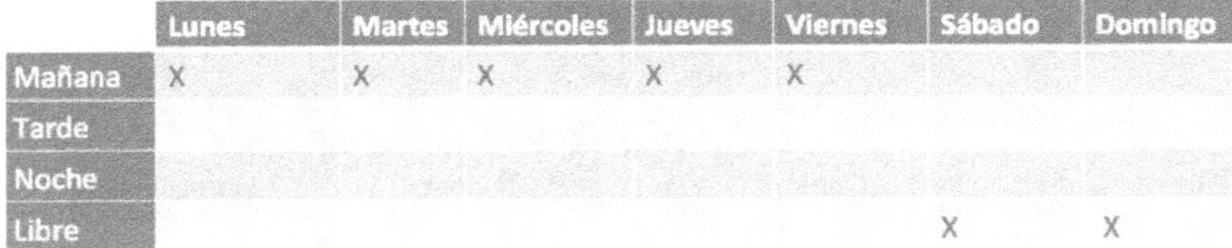

	Lunes	Martes	Miércoles	Jueves	Viernes	Sábado	Domingo
Mañana	X	X	X	X	X		
Tarde							
Noche							
Libre						X	X

Figura 4: Cuadrante turno de trabajo

Elaboración propia

3.2.   Inspector 2:

- Responsable de la División de Tráfico.
- Obras en la Vía Pública.
- Parque Móvil Policial.
- Motoristas.
- Grúas.
- Centro Control Tráfico.
- Ocupación Vía Pública

3.2.1. Horarios de trabajo.

Trabaja durante cinco días y luego tienen dos días de descanso, además de los festivos. Está sujeto a una disponibilidad de localización permanente telefónica, en turnos de una semana, cada cinco.

7 horas de trabajo cada día.

	Lunes	Martes	Miércoles	Jueves	Viernes	Sábado	Domingo
Mañana	X	X	X	X	X		
Tarde							
Noche							
Libre						X	X

Figura 4: Cuadrante turno de trabajo

3.3. Inspector 3:

- Responsable División Administrativa.
- Oficina Atención al Ciudadano.
- Depósito de Vehículos.
- Oficina de Atestados.
- Central.

3.3.1. Horarios de trabajo.

Trabaja durante cinco días y luego tienen dos días de descanso, además de los festivos. Está sujeto a una disponibilidad de localización permanente telefónica, en turnos de una semana, cada cinco.

7 horas de trabajo cada día.

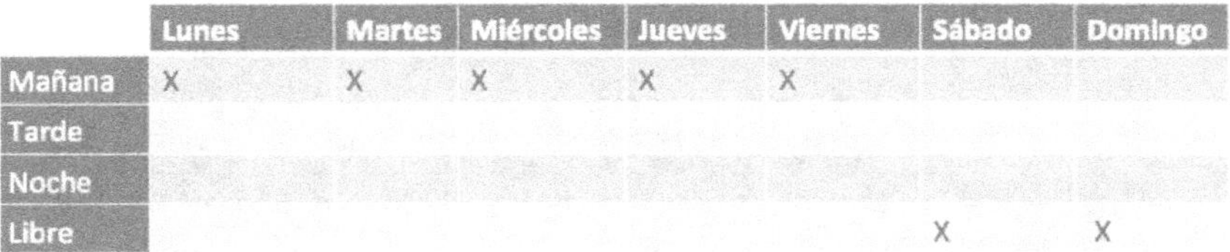

	Lunes	Martes	Miércoles	Jueves	Viernes	Sábado	Domingo
Mañana	X	X	X	X	X		
Tarde							
Noche							
Libre						X	X

Figura 5: Cuadrante turno de trabajo

4. ÁREA DE TRÁFICO

4.1. GRUPO OMEGA: Esta unidad de la Policía Local de Cádiz, se crea con la finalidad de disponer de un equipo de agentes especializados en tareas de vigilancia y control del medio ambiente en nuestro territorio municipal.

Entre las actividades que desarrolla destacan las siguientes:

Foto 1: Control de radar

Procedencia: ESPAC

- Control de las emisiones de ruido y vibraciones.
- Controles de velocidad urbana.
- Control de vertidos de aguas residuales y residuos de diversa índole.
- Protección de los Espacios Naturales, la flora y la fauna local.
- Vigilancia y protección del Patrimonio Arqueológico, Histórico y Cultural.
- Inspecciones a instalaciones industriales.
- Vigilancia urbanística.
- Realización de informes y, en su caso, de denuncias que se deriven de las
- intervenciones de vigilancia y control efectuadas.

4.1.1. Horarios de trabajo.

Trabajan durante seis días y luego tienen cuatro días de descanso, en cinco grupos de trabajo, distribuyendo los días de trabajo en dos mañanas, dos tardes, dos noches, cuatro días de descanso y así sucesivamente.

Por otra parte, aunque dicho horario sea el predeterminado, están expuestos a cambios de horarios que pueden ser debido a numerosas causas. Como por ejemplo, debido a que sea un día de fiesta, motivo de puente, motivo de alguna fiesta patronal de la localidad o que desafortunadamente ocurra un incidente de grandes magnitudes, por lo que en estos casos hay que aumentar el número de personal por lo que su horario se ve modificado.

8 horas de trabajo cada día.

	Lunes	Martes	Miércoles	Jueves	Viernes	Sábado	Domingo
Mañana	X	X					
Tarde			X	X			
Noche					X	X	
Libre							4 DIAS

Figura 6: Cuadrante turno de trabajo

4.2. MOTORISTAS: Las funciones de este Equipo, además de las generales como Policías Locales, son básicamente dos:

Foto 2: Control del tráfico

Procedencia: ESPAC

- La regulación del tráfico en aquellos puntos donde es más necesario.
- La vigilancia y disciplina del tráfico, especialmente en aquellas vías que soportan mayor densidad de vehículos y pueden verse afectadas por vehículos en doble fila, en prohibido, etc.

4.2.1. Horarios de trabajo.

Trabajan durante cinco días y luego tienen dos días de descanso, además de los festivos. En semanas alternas los días de trabajo, una semana en turno de mañana y otra semana en turno de tarde, así sucesivamente.

7 horas de trabajo cada día.

Semana 1:

	Lunes	Martes	Miércoles	Jueves	Viernes	Sábado	Domingo
Mañana	X	X	X	X	X		
Tarde							
Noche							
Libre						X	X

Figura 7: Cuadrante turno de trabajo

Semana 2:

	Lunes	Martes	Miércoles	Jueves	Viernes	Sábado	Domingo
Mañana							
Tarde	X	X	X	X	X		
Noche							
Libre						X	X

Figura 8: Cuadrante turno de trabajo

4.3. GRÚAS: El servicio de Grúa Municipal de Cádiz, es prestado por la empresa municipal Emasa, que proporciona a la ciudad un servicio de grúas las 24 horas del día. Funciona al servicio de la Jefatura de Policía Local y su misión es facilitar la movilidad y fluidez del tráfico.

1.1.1.1.

Foto 3: Retirada de vehículos con grúa

Procedencia: ESPAC

Emasa cuenta con dos depósitos de vehículos situados uno en la zona del casco antiguo y otro en la zona exterior de la ciudad.

Funciones de la Grúa Municipal:

- Traslado de vehículos abandonados.
- Traslado de vehículos robados.
- Retirada de vehículos por infracción de circulación.

- Retirada de vehículos por orden de la Recaudación.

- Ejecutiva Municipal (embargos).

- Poda estacional de árboles.

- Asfaltado de avenidas y calles.

- Despejar itinerarios en desfiles procesionales.

- Despejar itinerarios de cabalgatas y carruseles.

- Retirar de la vía pública vehículos de accidentes.

- Traslado de vallas de policía local.

4.3.1. Horarios de trabajo.

Trabajan durante cinco días y luego tienen dos días de descanso, además de los festivos. En semanas alternas los días de trabajo, una semana en turno de mañana y otra semana en turno de tarde, así sucesivamente.

7 horas de trabajo cada día.

Semana 1:

	Lunes	Martes	Miércoles	Jueves	Viernes	Sábado	Domingo
Mañana	X	X	X	X	X		
Tarde							
Noche							
Libre						X	X

Figura 9: Cuadrante turno de trabajo

Semana 2:

	Lunes	Martes	Miércoles	Jueves	Viernes	Sábado	Domingo
Mañana							
Tarde	X	X	X	X	X		
Noche							
Libre						X	X

Figura 10: Cuadrante turno de trabajo

4.4. DEPARTAMENTO DE OBRAS: La actividad urbanística de control de obras en la vía pública es una función pública que comprende la planificación, organización y control de la ocupación y utilización del suelo, a fin de canalizar el tráfico tanto de vehículos como el tránsito peatonal.

Foto 4: Retirada de vehículos con grúa

Procedencia: ESPAC

- La inspección y control de calas, pretende el cumplimiento de la protección de la seguridad en los elementos señalizadores y condiciones exigibles para el normal desarrollo.

- Los periódicos controles de las obras que se ejecutan en la vía pública determina la adopción de medidas, emisión de informes y si llega el caso, la paralización mediante la intervención directa de los servicios técnicos municipales.

- Colaboración con el Área de Urbanismo y la Oficina Técnica competentes para el desempeño de cuantas otras funciones asesoras, inspectoras y de control le sean encomendadas.

4.4.1.   Horarios de trabajo.

Trabajan durante cinco días y luego tienen dos días de descanso, además de los festivos.

7 horas de trabajo cada día.

	Lunes	Martes	Miércoles	Jueves	Viernes	Sábado	Domingo
Mañana	X	X	X	X	X		
Tarde							
Noche							
Libre						X	X

Figura 10: Cuadrante turno de trabajo

5. ÁREA DE SEGURIDAD

5.1. GRUPO BRAVO: La funcionalidad de este grupo, cuyos miembros visten de paisano, se desarrolla en el campo de la seguridad ciudadana, comprendiendo colaboraciones con los restantes cuerpos de seguridad, investigaciones de campo en el trapicheo de drogas, en especial en los accesos a centros escolares. Colabora estrechamente con el Grupo Charly (en este caso, desarrollando su función en uniforme) en otros cometidos comunes. Investigación en las situaciones de riesgo en el entorno escolar y la problemática social.

5.1.1. Horarios de trabajo.

Trabajan durante seis días y luego tienen cuatro días de descanso. Por otra parte, aunque dicho horario sea el predeterminado, están expuestos a cambios de horarios que pueden ser debido a numerosas causas. Como por ejemplo, debido a que sea un día de fiesta, motivo de puente, motivo de alguna fiesta patronal de la localidad o que desafortunadamente ocurra un incidente de grandes magnitudes, por lo que en estos casos hay que aumentar el número de personal por lo que su horario se ve modificado.

Turno de trabajo normal de 8 horas diarias.

	Lunes	Martes	Miércoles	Jueves	Viernes	Sábado	Domingo
Mañana	X	X					
Tarde			X	X			
Noche					X	X	
Libre							4 DIAS

Figura 11: Cuadrante turno de trabajo

En verano pasan al turno de playa en horario de 11 a 20 horas, con una hora de descanso para comer.

En semanas alternas los días de trabajo son:

Semana 1:

	Lunes	Martes	Miércoles	Jueves	Viernes	Sábado	Domingo
Mañana			X	X			
Tarde			X	X			
Libre	X	X			X	X	X

Figura 12: Cuadrante turno de trabajo

Semana 2:

	Lunes	Martes	Miércoles	Jueves	Viernes	Sábado	Domingo
Mañana	X	X			X	X	X
Tarde	X	X			X	X	X
Libre			X	X			

Figura 13: Cuadrante turno de trabajo

5.2. GRUPO CHARLY: El Grupo Operativo de Apoyo CHARLY, es una unidad especializada y a su vez clasificado como multifuncional, que cumple su objetivo primordial de colaboración y apoyo a las restantes unidades del cuerpo.

La prevención es su principal misión y de forma especial tiene encomendada funciones específicas como:

Foto 5: Retirada de vehículos con grúa

Procedencia: ESPAC

- Control del mercadillo, centro comercial y calles peatonales.
- Control de las grandes concentraciones y movida juvenil.
- Infracciones en materia de espectáculos públicos: horarios de cierres, licencias, actividades con música.
- Control y vigilancia de la venta ambulante y lucha contra los delitos contra la propiedad industrial y piratería.
- Orden Público.

5.2.1. Horarios de trabajo.

Trabajan durante seis días y luego tienen cuatro días de descanso. Por otra parte, aunque dicho horario sea el predeterminado, están expuestos a cambios de horarios que pueden ser debido a numerosas causas. Como por ejemplo, debido a que sea un día de fiesta, motivo de puente, motivo de alguna fiesta patronal de la localidad o que desafortunadamente ocurra un incidente de grandes magnitudes, por lo que en estos casos hay que aumentar el número de personal por lo que su horario se ve modificado.

Turno de trabajo normal de 8 horas diarias.

	Lunes	Martes	Miércoles	Jueves	Viernes	Sábado	Domingo
Mañana	X	X					
Tarde			X	X			
Noche					X	X	
Libre							4 DIAS

Figura 14: Cuadrante turno de trabajo

En verano pasan al turno de playa en horario de 11 a 20 horas, con una hora de descanso para comer.

En semanas alternas los días de trabajo son:

Semana 1:

	Lunes	Martes	Miércoles	Jueves	Viernes	Sábado	Domingo
Mañana			X	X			
Tarde			X	X			
Libre	X	X			X	X	X

Figura 15: Cuadrante turno de trabajo

Semana 2:

	Lunes	Martes	Miércoles	Jueves	Viernes	Sábado	Domingo
Mañana	X	X			X	X	X
Tarde	X	X			X	X	X
Libre			X	X			

Figura 16: Cuadrante turno de trabajo

5.3. PATRULLA DE BARRIOS: La Policía de Barrio es la encargada en preservar las normas de convivencia, el aseguramiento de la tranquilidad vecinal y asistir a los ciudadanos, con los que mantiene una intensa relación como consecuencia de su trato diario, cercano y directo.

Foto 6: Atención ciudadana

Procedencia: ESPAC

El objetivo funcional de la Policía de Barrio es:

- Ayudar.
- Informar.
- Escuchar sus sugerencias.
- Prevenir los delitos.
- Procurar la seguridad y fluidez del tráfico.
- Evitar accidentes.
- Controlar el cumplimiento de la normativa municipal.
- Policía Asistencial (personas aisladas, necesitadas, enfermas, etc.)

Entre sus principales funciones:

- Control de la seguridad escolar.
- Vigilancia de la circulación en el barrio asignado.
- Detección de vehículos abandonados. Colaboración en las campañas de seguridad vial, impartiendo clases de seguridad vial en los colegios.
- Control del absentismo escolar.
- Control de animales en la vía pública.
- Intervención ante conductas delictivas.
- Control de obras ilegales.
- Vigilancia de actividades relacionadas con el medio ambiente (basuras, humos, vertidos, etc.)
- Vigilancia y control de las zonas peatonales.
- Control e información de deficiencias en la vía pública.
- Mediador y asesor en el ámbito de la seguridad.

5.3.1. Horarios de trabajo.

Trabajan durante cinco días y luego tienen dos días de descanso, además de los festivos. En semanas alternas los días de trabajo, una semana en turno de mañana y otra semana en turno de tarde, así sucesivamente.

7 horas de trabajo diario.

Semana 1:

	Lunes	Martes	Miércoles	Jueves	Viernes	Sábado	Domingo
Mañana	X	X	X	X	X		
Tarde							
Noche							
Libre						X	X

Figura 17: Cuadrante turno de trabajo

Semana 2:

	Lunes	Martes	Miércoles	Jueves	Viernes	Sábado	Domingo
Mañana							
Tarde	X	X	X	X	X		
Noche							
Libre						X	X

Figura 18: Cuadrante turno de trabajo

5.4. ADJUNTO A LA PATRULLA DE BARRIOS: Esta figura, la representa un agente que ejerce funciones de relaciones públicas y de nexo de unión entre las distintas asociaciones vecinales de la ciudad con las distintas áreas de nuestro ayuntamiento e inclusive otras instituciones públicas.

Para su eficiencia, se coordina la planificación y tratamiento de la problemática del barrio a través de las distintas unidades de Policías de Barrio y la Jefatura de Policía.

Foto 6: Atención ciudadana

Procedencia: ESPAC

5.4.1.　Horarios de trabajo.

Trabajan durante cinco días y luego tienen dos días de descanso, además de los festivos. En semanas alternas los días de trabajo, una semana en turno de mañana y otra semana en turno de tarde, así sucesivamente.

7 horas de trabajo diario.

Semana 1:

	Lunes	Martes	Miércoles	Jueves	Viernes	Sábado	Domingo
Mañana	X	X	X	X	X		
Tarde							
Noche							
Libre						X	X

Figura 18: Cuadrante turno de trabajo

Semana 2:

	Lunes	Martes	Miércoles	Jueves	Viernes	Sábado	Domingo
Mañana							
Tarde	X		X	X	X	X	
Noche							
Libre						X	X

Figura 19: Cuadrante turno de trabajo

5.5. RADIO PATRULLAS 092: La unidad Radio patrulla del 092 es un grupo especializado de intervención policial inmediata, ofreciendo al ciudadano una eficaz respuesta ante una demanda de urgencia.

Foto 7: Seguridad ciudadana

Procedencia: ESPAC

Funciones:

- Prestación y atención a servicios de urgencias y auxilio al ciudadano.
- Intervención administrativa en materia de seguridad ciudadana.
- Apoyo y colaboración con las restantes unidades.
- La prevención y represión de los delitos y faltas.
- Cooperación en accidentes de tráfico y colaboración con la unidad de Atestados.
- Tráfico: Control y regulación.
- Vigilancia y control sobre la tenencia de estupefacientes.
- Control y vigilancia en horarios entrada y salida colegios.
- Denuncias de tráfico.

- Intervención en siniestros y colaboración con otros servicios intervinientes.
- Funciones de policía administrativa en lo relativo a ordenanzas municipales y bandos municipales.

5.5.1. Horarios de trabajo.

Trabajan durante seis días y luego tienen cuatro días de descanso, en cinco grupos de trabajo, distribuyendo los días de trabajo en dos mañanas, dos tardes, dos noches, cuatro días de descanso y así sucesivamente.

8 horas de trabajo diario

	Lunes	Martes	Miércoles	Jueves	Viernes	Sábado	Domingo
Mañana	X	X					
Tarde			X	X			
Noche					X	X	
Libre							4 DIAS

Figura 20: Cuadrante turno de trabajo

5.6. VIGILANCIA DE EDIFICIOS: El servicio de vigilancia de edificios, es desempeñado por policías de 2 actividad, cuya misión en proteger dependencias municipales, las cuales están abiertas al público, Ayuntamiento, Casa Iberoamérica, depósito de vehículos del Yunque, Castillo de Santa Catalina y San Sebastián, etc.,

Este servicio, lo realizan de manera unipersonal, aun siendo policías de segunda actividad, portan arma de fuego, no saliendo a la vía pública.

5.6.1. Horarios de trabajo.

Trabajan durante cinco días y luego tienen dos días de descanso, además de los festivos. En semanas alternas los días de trabajo, una semana en turno de mañana y otra semana en turno de tarde, así sucesivamente.

7 horas de trabajo diario.

Semana 1:

	Lunes	Martes	Miércoles	Jueves	Viernes	Sábado	Domingo
Mañana	X	X	X	X	X		
Tarde							
Noche							
Libre						X	X

Figura 21: Cuadrante turno de trabajo

Semana 2:

	Lunes	Martes	Miércoles	Jueves	Viernes	Sábado	Domingo
Mañana							
Tarde	X	X	X	X	X		
Noche							
Libre						X	X

Figura 22: Cuadrante turno de trabajo

5.7. ÁREA DE ADMINISTRACIÓN

5.7.1. ATESTADOS E INFORMES: El Equipo de Atestados de la Policía Local, perfectamente cualificado para el desarrollo de la labor inspectora y trabajo de campo en el lugar del accidente y posterior confección del atestado policial, se responsabiliza de todas la diligencias policiales por ilícitos penales contra la seguridad del tráfico y las primeras diligencias en el resto de delitos

Foto 7: Accidentes de tráfico

Procedencia: ESPAC

Controles: Como unidad altamente cualificada, sus integrantes desarrollan las campañas y controles que se determinen en referencia a controles de alcohol y controles de consumo de estupefacientes y otras sustancias análogas.

5.7.2.   Horarios de trabajo.

Trabajan durante seis días y luego tienen cuatro días de descanso, en cinco grupos de trabajo, distribuyendo los días de trabajo en dos mañanas, dos tardes, dos noches, cuatro días de descanso y así sucesivamente.

8 horas de trabajo diario.

	Lunes	Martes	Miércoles	Jueves	Viernes	Sábado	Domingo
Mañana	X	X					
Tarde			X	X			
Noche					X	X	
Libre							4 DIAS

Figura 23: Cuadrante turno de trabajo

5.8. O.A.C (OFICINA DE ATENCIÓN AL CIUDADANO): Un grupo de agentes cualificados, atienden diariamente a ciudadanos que sufren determinados problemas personales motivados por las inobservancias de las mínimas normas de convivencia vecinal y requieren expresamente nuestra mediación en el conflicto privado.

Como otras funciones complementarias, se incluyen el control de los objetos perdidos, la gestión y tratamiento de los vehículos abandonados.

5.8.1.   Horarios de trabajo.

Trabajan durante cinco días y luego tienen dos días de descanso, además de los festivos. En semanas alternas los días de trabajo, una semana en turno de mañana y otra semana en turno de tarde, así sucesivamente.

7 horas de trabajo diario.

Semana 1:

	Lunes	Martes	Miércoles	Jueves	Viernes	Sábado	Domingo
Mañana	X	X	X	X	X		
Tarde							
Noche							
Libre						X	X

Figura 24: Cuadrante turno de trabajo

Semana 2:

	Lunes	Martes	Miércoles	Jueves	Viernes	Sábado	Domingo
Mañana							
Tarde	X	X	X	X	X		
Noche							
Libre						X	X

Figura 25: Cuadrante turno de trabajo

5.9. INFORMES Y GRABACIONES DE MULTAS: Varios agentes, componen el servicio denominado Informes, cuya función primordial es precisamente informar sobre aquellos aspectos y asuntos que se le encomienden. Habitualmente, suelen ser requerimientos judiciales sobre localizaciones, citaciones, informes sobre régimen de vida, posesiones de bienes, embargos, etc.

5.9.1. Horarios de trabajo.

Trabajan durante cinco días y luego tienen dos días de descanso, además de los festivos.

7 horas de trabajo diarias.

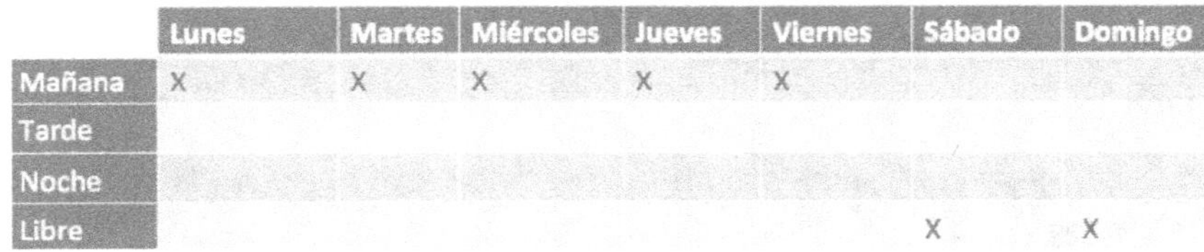

	Lunes	Martes	Miércoles	Jueves	Viernes	Sábado	Domingo
Mañana	X	X	X	X	X		
Tarde							
Noche							
Libre						X	X

Figura 26: Cuadrante turno de trabajo

5.10. RECURSOS MATERIALES Y VESTUARIOS: A través del departamento de recursos de materiales, se controla la adquisición, sustitución, reparación y mantenimiento de todos los elementos y útiles de precisión para el normal desarrollo de la función administrativo-policial de la Jefatura de Policía.

También controla el vestuario y los equipos técnicos con los que se dotan a todos los agentes.

5.10.1. Horarios de trabajo.

Trabajan durante cinco días y luego tienen dos días de descanso, además de los festivos.

7 horas de trabajo diario

	Lunes	Martes	Miércoles	Jueves	Viernes	Sábado	Domingo
Mañana	X	X	X	X	X		
Tarde							
Noche							
Libre						X	X

Figura 27: Cuadrante turno de trabajo

5.11. **DEPÓSITO DE VEHÍCULOS:** Cádiz cuenta con un depósito de vehículos ubicado en un solar de la zona franca, con servicio continuado de vigilancia. La oficina de atención al ciudadano, gestora en el tratamiento de vehículos abandonados, realiza los reglamentarios trámites impuestos por la normativa medioambiental para que finalmente los vehículos sean destruidos mediante su entrega por lotes a un gestor.

5.11.1. Horarios de trabajo.

Trabajan durante cinco días y luego tienen dos días de descanso, además de los festivos.

En semanas alternas los días de trabajo, una semana en turno de mañana y otra semana en turno de tarde, así sucesivamente.

7 horas de trabajo diario.

Semana 1:

	Lunes	Martes	Miércoles	Jueves	Viernes	Sábado	Domingo
Mañana	X	X	X	X	X		
Tarde							
Noche							
Libre						X	X

Figura 28: Cuadrante turno de trabajo

2 semana:

	Lunes	Martes	Miércoles	Jueves	Viernes	Sábado	Domingo
Mañana							
Tarde	X	X	X	X	X		
Noche							
Libre						X	X

Figura 29: Cuadrante turno de trabajo

5.12. CENTRAL 092: La Central del 092, está estructuralmente adaptada a las últimas tecnologías en materia de comunicación y gestión, mediante el uso de sofisticados programas gestores de recepción y tratamiento de llamadas de urgencias.

A la vez, atiende las llamadas a la línea de violencia de género y un teléfono especial para comunicación por personas con discapacidad auditiva.

5.12.1. Horarios de trabajo.

Trabajan durante seis días y luego tienen cuatro días de descanso, en cinco grupos de trabajo, distribuyendo los días de trabajo en dos mañanas, dos tardes, dos noches, cuatro días de descanso y así sucesivamente.

8 horas de trabajo diario.

	Lunes	Martes	Miércoles	Jueves	Viernes	Sábado	Domingo
Mañana	X	X					
Tarde			X	X			
Noche					X	X	
Libre							4 DIAS

Figura 30: Cuadrante turno de trabajo

2.10 DISTRIBUCIÓN DE SECCIONES DEL AREA ESCUELA

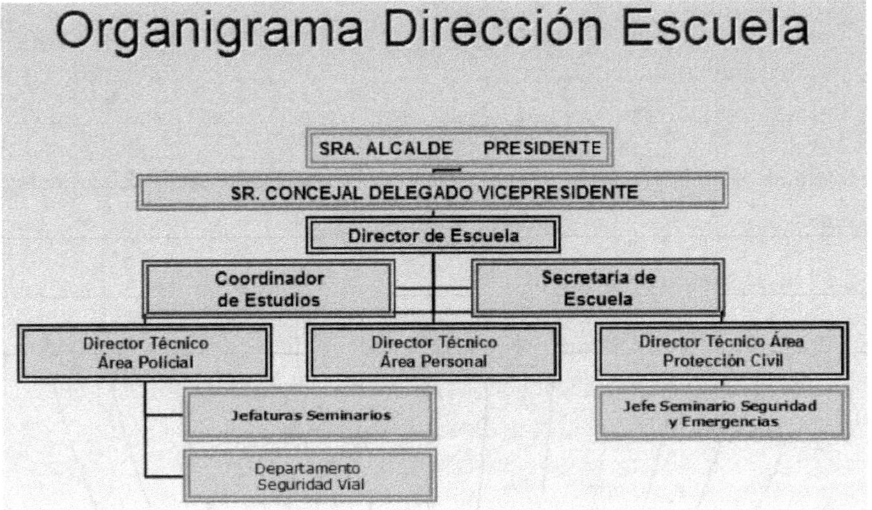

Figura 31: Organigrama ESPAC

SEGURIDAD VIAL ESCOLAR: el objetivo pedagógico es que cuando nuestros jóvenes se desarrollen en el ámbito social y vivan la realidad de nuestras calles, estén adecuadamente capacitados para asumir y respetar las reglas del tráfico.

Este propósito se fundamenta en el desarrollo de una acción formativa impartida desde la infancia y que finaliza una vez superada la adolescencia (desde los 4 años hasta los 17 años). A lo largo de este recorrido, tratan de que los escolares comprendan las conductas adecuadas y entiendan el grupo de señales de tráfico que envuelven a nuestra ciudad, así como su problemática y peligros viarios. A partir de aquí, fomentamos los hábitos como peatones, pasajeros en los medios de transporte, promovemos la conducta responsable como conductores de bicicletas. Para los escolares de secundaria, que ya han recorrido todo este camino y que se inician como nuevos conductores y usuarios de ciclomotores, desarrollamos un proceso específico para que adquieran unos adecuados valores viales, profundizándose en las más elementales normas de tráfico y concienciación sobre el uso adecuado del casco y otros elementos de seguridad.

2 Policías están destinados a impartir la formación sobre seguridad vial escolar.

TIRO Y ARMAMENTO (GALERÍA DE TIRO): El edificio de la Jefatura, cuenta en su sótano con una moderna galería de tiro en donde los agentes reciben prácticas de reciclaje y perfeccionamiento en el tiro policial. El cuerpo cuenta con agentes titulados como instructores de tiro, quienes a lo largo del año, desarrollan las prácticas reglamentarias.

1 Policía titulado como instructor de tiro, es el encargado de impartir la formación.

OPERATIVA TÁCTICA POLICIAL: Desde la Escuela de Seguridad Publica del Ayuntamiento de Cádiz se viene desempeñando desde años atrás las siguientes funciones en las áreas de formación continua de Operativa Táctica Policial como **prevención de riesgos laborales**, dotando a los policías de unas herramientas idóneas, con el fin de desempeñen su labor como mediadores de conflictividad en base al estado de derecho que nos encontramos.

 1 Policía titulado como instructor, es el encargado de impartir la formación.

Objetivos específicos: La formación estará encaminada a asegurar y prevenir los riesgos laborales, en el ámbito policial, garantizando la seguridad del ciudadano así como del propio policía.

El policía en el desempeño de sus funciones tiene que utilizar una serie de medios coercitivos que debe conocer y dominar con el fin de minimizar el riesgo en el empleo del mismo.

Con este plan formativo se cubrirán las necesidades planteadas sobre los conocimientos teórico – prácticos de Derecho en la intervención policial, Medicina legal, mediación policial y dominio instintivo de las herramientas de uso policial garantizando un mínimo de horas formativas a los miembros de la plantilla que estén interesados, hasta día de hoy se ha mantenido una formación continua en la ESPAC, la cual ha permitido formar a muchos miembros de esta plantilla, con el fin de mejorar y continuar en la prevención de riesgos laborales.

Los fines son:

- Menores lesiones en los ciudadanos durante la intervención con los mismos.
- Disminución bajas laborales en los policías.
- Minimizar las denuncias contra los policías por uso indebido de la fuerza.
- Reducir responsabilidad civil al minimizar las lesiones de los ciudadanos.
- Aumentar la garantía y eficacia en la intervención policial.
- Reforzar la seguridad del policía en sí mismo.
- Mejor imagen pública.
- Mayor autocontrol y capacidad de mediación.
- En definitiva un mejor servicio a la ciudadanía acorde al estado de derecho en el que nos encontramos y en línea a nuestra Constitución.

CONDUCCION DE MOTOCICLETAS

CONDUCCION DE COCHES

CONDUCCION DE RINOS

CONDUCCION DE BICICLETA

3. POLITICA

La Dirección de La Jefatura de Policía Local de Cádiz, en adelante (Jefatura PLC.), ratifica la siguiente política de actuación en Prevención de Riesgos Laborales, que será de aplicación a todas las funciones que realice el personal comprendido en este Plan de prevención de riesgos, que presenten características exclusivas de las actividades de policía, seguridad y servicios.

3.10. La vida, integridad física y salud de los trabajadores son derechos cuya protección ha de ser una constante del quehacer cotidiano para todos los que trabajamos en Jefatura de PLC. y especialmente del de aquellos que, en uno u otro nivel y en uno u otro puesto de trabajo, ejercen funciones de mando.

3.11. Debido a que se considera que **las personas constituyen el activo más importante** de nuestra empresa, esta Dirección quiere establecer una política preventiva que vaya hacia un modelo de prevención científica, integral, integrada y participativa.

3.12. Basándose en el principio de que **todos los accidentes, incidentes y enfermedades laborales pueden y deben ser evitados**, la empresa se compromete a alcanzar un alto nivel de seguridad y salud en el trabajo, no limitándose solamente a cumplir con la legislación vigente en la materia, sino llevando a cabo acciones que eleven el grado de protección de los trabajadores marcado por la ley si ello fuera necesario.

3.13. Este compromiso será expresado de forma manifiesta, y será uno de los puntos esenciales marcados en la política general de la empresa.

3.14. La línea de mando asumirá y potenciará la integración de la seguridad durante el ejercicio de las funciones propia de la Policial Local de Cádiz, estableciendo como principio básico que **la mayor productividad se consigue con la seguridad optima**, pues no se debe olvidar que la conservación de los recursos materiales y humanos constituye un elemento fundamental para disminuir los costes.

3.15. En aras a promover una conducta segura en las actividades desarrolladas, se aportará a los trabajadores toda la **información** existente sobre los riesgos inherentes a su trabajo, así como la **formación** necesaria sobre los medios y medidas a adoptar para su correcta prevención.

3.16. De igual manera, se promoverá la **participación** de todos los trabajadores en las cuestiones relacionadas con la prevención de riesgos en el trabajo, por ser ellos los que conocen con mayor profundidad los pormenores de las tareas que realizan, y por lo tanto son los más indicados para aportar ideas sobre la manera más segura de llevarlas a cabo.

3.17. Para lograr una eficaz implantación de la política de prevención de riesgos laborales en JEFATURA DE PLC., se asignarán los recursos necesarios y se planificará de manera adecuada la utilización de los mismos.

Finalmente, es compromiso firme de esta empresa el integrar la prevención en la estructura organizativa de la empresa, a fin de lograr que la prevención no sea ajena a la organización productiva, pretendiendo así más que el mero cumplimiento de determinados requisitos de carácter básicamente documental.

En CADIZ, a 3 de Septiembre de 2015

Súper Intendente Jefe

D. Juan Manuel Padilla García

4. ORGANIZACIÓN PREVENTIVA

Comisión específica de seguridad y salud de la policía local de Cádiz, compuesta por:

Teniente de Alcalde, Concejal delegado de Seguridad Ciudadana.

Súper Intendente Jefe o persona en quien delegue

Técnico de Prevención de riesgos laborales de la Policía Local de Cádiz, con titulación habilitante.

Un responsable de cada uno de los sindicatos con representación en la Policía local de Cádiz.

5. RECURSOS HUMANOS

Secciones	Número de policías
BRAVOS	9
CHARLYS	20
BARRIOS	11
SERVICIOS GENERALES	52
ATESTADOS	25
MOTORISTAS	14
OMEGA	9
GRUA	3
CONTROLADOR	10
VIGILANCIA	5
OBRAS	1
CENTRAL	7
CONDUCTOR	1
ESCUELA	3
EDUCACION VIAL	2

INFORMATICO	1
MATERIALES	1
O.A.C.	3
OBRAS	1
OFICIAL CENTRAL	2
OFICIAL TURNO	8
OFICIAL CHARLY	2
OFICIAL BRAVO	1
SUBINSPECTOR ATESTADOS	1
SUBINSPECTOR TURNO	5
SUBINSPECTOR SUBJEFATURA	1
SUBINSPECTOR CHARLY	1
ADMINISTRACION	1
INSPECTOR	3
INTENDENTE	1
SUPER INTENDENTE JEFE	1

5.1. Puestos de trabajo: Dentro de los diferentes puestos de trabajo, podemos diferenciar entre puestos de primera actividad y de segunda actividad. Así mismo existe la posibilidad de cambiar de puesto de trabajo cada dos años.

Puestos de primera actividad, son los puestos donde el policía realiza sus funciones según los puntos 2.6 y 2.7 de este documento.

Puestos de segunda actividad, son puestos que no desempeñan ninguna de sus funciones en la vía pública, realizando su actividad en:

Vigilancia de edificios , central , conductor de jefatura, material, escuela de policía local, etc...

El criterio básico para pasar de primera a segunda actividad es la edad de 55 años, o tener algún impedimento físico o mental, que no le permita realizar las funciones de primera actividad. Bajo criterio medico podar continuar en la primera actividad, aun superando los 55 años.

6. RECURSOS MATERIALES

6.1. Equipo de trabajo que utilizan.

- Vehículos: Furgonetas, coches, motos, rhinos, bicicletas.
- Emisoras de radios
- Smartphone
- Armamento.

TOLETE/DEFENSA SEMIRÍGIDA
TONFA EXTENSIBLE (PR-24)
TAHALÍ PARA DEFENSA Y TONFA
GRILLETES Y FUNDA
ARMA CORTA DE FUEGO

6.2. Vestuario.

6.2.1. Uniforme policía local

JERSEY O SUETER POLAR (bicolor y/o monocolor)
PANTALÓN TIPO CAMPAÑA (invierno y verano)
POLOS MANGA CORTA (bicolor y/o monocolor)
POLOS MANGA LARGA (bicolor y/o monocolor)
CALCETINES VERANO E INVIERNO
WINDPROFF BUFF (braga de cuello)
BOTA ALTA TIPO COMBATE O ASALTO
CINTURÓN DE SERVICIO DOBLE VELCRO TRIPLE CIERRE
GORRA FAENA (tipo béisbol)
CARTERA PORTA PLACA

ACREDITACIÓN, INSIGNIAS Y DIVISAS
UNIFORMIDAD DE PLAYA
UNIFORMIDAD DE CICLISTA
UNIFORMIDAD DE ALUMNO

6.2.2. Equipo de Protección Personal

IMPERMEABLE/ANORAK BICOLOR
CAZADORA O FORRO POLAR (bicolor y/o monocolor)
PETO REFLECTANTE
CAMISETAS INTERIORES TÉRMICAS
WINDPROFF BUFF (braga de cuello)
BOTA ALTA TIPO COMBATE O ASALTO
GUANTES ANTICORTES
LINTERNA CON CONO DE SEÑALIZACIÓN
HERRAMIENTA MULTIUSOS
PROTECCIONES MOTORISTAS (espalda, codos y hombros)
CASCO INTEGRAL MOTORISTAS
CASCO TIPO JET (policía de barrios y quad)
CASCO ANTIDISTURBIOS
CHALECO PROTECCIÓN ANTITRAUMAS/ANTIGOLPES
ESCUDO ANTIDISTURBIOS
IMPERMEABLE BICOLOR
CHALECOS ANTIBALA Y ANTIPUNZON
GORRA PLATO Y GORRA FAENA (tipo béisbol)

6.3. Depósito de detenidos o calabozos

Existen dos calabozos, para ingresar a los ciudadanos detenidos por algún tipo de delito, el cual permanece en las dependencias policiales durante el tiempo estrictamente necesario, para realizar las diligencias policiales oportunas, estas instalaciones tendrá un reglamento de funcionamiento propio adaptado a la normativa vigente.

Está situada en la planta baja, es interior, tienen cámaras de video vigilancia y un cuarto de vigilancia, justo enfrente a los calabozos, donde se ubica el policía. Estas instalaciones también constan de un urinario.

Se deben evaluar y tener en cuenta los riesgos específicos de estas instalaciones.

6.4. Armeros

El armero es el lugar donde se depositan las armas de fuego y la munición. La legislación establece que los Ayuntamientos como propietarios de las armas reglamentarias dispondrán de un armero dotado de las máximas garantías de seguridad. Al finalizar el servicio los y las policías depositarán el arma reglamentaria. También se depositarán las armas que estén retiradas o no asignadas y las que haya que reparar.

6.5. Galerías de tiro

La galería de tiro se encuentra en el sótano de la jefatura de la policía local de Cádiz. Los principales riesgos que se puedes padecer en las galerías de Tiro son químicos, por exposición al plomo y a la pólvora, aun cuando también pueden existir riesgos por sonido, si no se utilizan medidas adecuadas. Las medidas preventivas para el plomo y la pólvora serán recogidas en la GUÍA en el apartado de riesgos químicos.

6.6. Gimnasio

Situado en la planta baja, es donde se realizan la formación en Operativa Táctica policial, entre otras actividades, consta de un pequeño tatami, varias máquinas de ejercicios de musculación, así como peso libre de entrenamiento muscular, espaderas, etc., los policías acuden a realizar actividad física sin estar dirigida, por lo que se deberán establecer unas normas de uso, a fin de minimizar los riesgo que entraña este tipo de actividades.

7. PROCEDIMIENTOS GENERALES

A continuación se detallan los procedimientos generales que debe integrar el programa de programa de gestión de la prevención. La empresa deberá implantarlos y determinar los medios necesarios para llevarlos a cabo.

Los procedimientos son los instrumentos que el sistema de gestión utiliza para desarrollar y cubrir cada una de sus necesidades, para ellos cada uno de los mismos se establece:

- Qué hay que hacer
- Quiénes participan
- Cómo se desarrolla
- Qué registros hay que cumplimentar para evidenciar lo realizado.

Las actividades preventivas se procedimentarán por escrito a fin de facilitar su proceso de aprendizaje, implantación y control, siempre que lo exija la normativa, obligando a la empresa a tener una determinada documentación a disposición de terceras partes para el control y desarrollo de la actividad.

8. ELABORACIÓN Y DIVULGACIÓN DE LA POLÍTICA DE PREVENCIÓN

La dirección de la empresa elaborará la política de prevención expresándose mediante una declaración de principios donde se incluyan las directrices a seguir en la actividad preventiva. Debe ser asumida por todos y cada uno de los elementos integrantes de la estructura organizativa y distribuida adecuadamente a todos los trabajadores de la empresa por los canales informativos que determine y/o de que disponga la empresa.

9. OBJETIVOS Y METAS

Considerando que el fin último de toda actuación preventiva es el control de las situaciones de riesgo para la eliminación de los daños y la mejora de las condiciones de seguridad y salud de los trabajadores, deberán establecerse los objetivos y metas concretos que en materia preventiva pretende alcanzar la POLICIA LOCAL DE CADIZ. Las metas de seguridad y los objetivos de mejora se elaborarán y documentarán para alcanzar los términos de la política de seguridad de la empresa.

Al establecer y analizar en forma crítica los objetivos, la POLICIA LOCAL DE CADIZ ,debe considerar los requisitos legales y otros requisitos, los peligros y riesgos de seguridad y salud, sus opciones tecnológicas, sus requisitos financieros, operacionales y de negocios, la compatibilidad con otros planes de la empresa así como el punto de vista de las partes interesadas.

Los objetivos que se identifiquen deberán ser específicos, medibles, realizables, factibles y programables en el tiempo.

10. ANÁLISIS Y CONTROL DE RIESGOS: EVALUACIÓN DE RIESGOS Y PLANIFICACIÓN

Los documentos básicos que compondrán la base de la actividad preventiva son, además de este Plan:

- La evaluación de los riesgos laborales
- La planificación de la actividad preventiva
- Las medidas de emergencia

La elaboración de estos documentos se atendrá a las siguientes fases:

- Obtención de datos por parte de la empresa y de los trabajadores que determinen las tareas a realizar y los factores que las afectan, y análisis de las mismas.
- Propuesta de medidas y actividades preventivas y su priorización.
- Elaboración de los documentos.
- Designación de los plazos, medios materiales y humanos para llevar a cabo la actividad preventiva.

En este proceso, deberá generalizarse la participación activa de la dirección y los trabajadores.

Todos estos documentos deberán mantenerse actualizados y para ello deberán ser revisados periódicamente o cuando se produzcan cambios en las condiciones de trabajo, accidentes de trabajo o enfermedades profesionales.

11. REGISTRO E INVESTIGACIÓN DE ACCIDENTES E INCIDENTES

Cuando ocurran accidentes graves, muy graves, fallecimientos o que afecten a varios trabajadores la POLICIA LOCAL DE CADIZ deberá comunicarlos a la Autoridad Laboral, antes de las 24 h. siguientes a que se produzcan. También se comunicará al técnico responsable para realizar la investigación del accidente.

Los accidentes leves con baja o sin baja médica se investigarán por POLICIA LOCAL DE CADIZ, para obtener las causas y evitar que se vuelvan a producir y determinar las medidas a adoptar. Los incidentes se investigarán a criterio del Súper Intendente Jefe.

POLICIA LOCAL DE CADIZ deberá elaborar y conservar a disposición de la Autoridad laboral una relación de accidentes de trabajo y enfermedades profesionales que hayan causado al trabajador una incapacidad laboral superior a un día de trabajo.

12. COMUNICACIÓN DE RIESGOS

El trabajador que advierta un riesgo o se haya visto implicado en un incidente deberá cumplimentar un informe de comunicado de riesgo y lo hará llegar al inmediato superior. Éste solucionará el problema completando a su vez informe.

13. ADQUISICIÓN DE BIENES

Siempre que se incorporen equipos de trabajo a la actividad productiva, el Súper Intendente Jefe, deberá asegurarse de que estos disponen de:

- Marcado CE
- Declaración de conformidad
- Manual de instrucciones de uso

Asimismo, los productos químicos deberán disponer de:

- Correcto envasado y etiquetado.
- Ficha de seguridad.
- Para los equipos o productos que no dispongan de estos requisitos se consultará la documentación reglamentaria exigible.
- No obstante, es recomendable que la JEFATURA desarrolle una norma interna para la adquisición de bienes para lo que contará con el

asesoramiento del servicio de Prevención de la Jefatura de la Policía Local de Cádiz.

13.1.　EQUIPOS DE TRABAJO

Jefatura de la Policía Local de Cádiz, adoptará las medidas necesarias para que los equipos de trabajo que se pongan a disposición de los trabajadores sean adecuados al trabajo que deba realizarse y convenientemente adaptados al mismo, de forma que garanticen la seguridad y la salud de los trabajadores al utilizarlos.

En cualquier caso, La Policía Local de Cádiz, deberá utilizar únicamente equipos que satisfagan:

- Cualquier disposición legal o reglamentaria que les sea de aplicación.

- Las condiciones generales previstas en el anexo 1 del Real Decreto 1215/1997 relativo a equipos de trabajo, así como la normativa interna de la Jefatura de la Policía Local de Cádiz

La Jefatura de la Policía Local de Cádiz, adoptará las medidas necesarias para que, mediante un mantenimiento adecuado, los equipos de trabajo se conserven durante todo el tiempo de utilización en unas condiciones de seguridad para los trabajadores. Dicho mantenimiento se realizará teniendo en cuenta las instrucciones del fabricante o, en su defecto, las características de estos equipos, sus condiciones de utilización y cualquier otra circunstancia normal o excepcional que pueda influir en su deterioro o desajuste.

Las operaciones de mantenimiento, reparación o transformación de los equipos de trabajo cuya realización suponga un riesgo específico para los trabajadores sólo podrán ser encomendadas al personal especialmente capacitado para ello.

La Jefatura de la Policía Local de Cádiz, completará y mantendrá actualizado un inventario de equipos de trabajo cuyo modelo se adjunta como anexo.

Se implantará el uso del modelo "Autorización de uso de equipos de trabajo" en prevención de los accidentes por impericia. Los trabajadores no autorizados para el uso de un equipo no podrán utilizarlo ni siquiera puntualmente.

14. PRODUCTOS QUÍMICOS

La Jefatura de la Policía Local de Cádiz, deberá adoptar las medidas necesarias con el fin de que la utilización   de los productos químicos que puedan presentar riesgos específicos para la seguridad y salud de los trabajadores quede reservada a personal formado y adiestrado.

Los trabajadores que utilizan   (manipulan, almacenan y trasvasen) productos químicos deberán leer y comprender las correspondientes fichas de seguridad y utilizarlos respetando las indicaciones y limitaciones establecidas por el fabricante.

15. EQUIPOS DE PROTECCIÓN INDIVIDUAL (E.P.I.)

La Jefatura de la Policía Local de Cádiz, debe proporcionar a sus trabajadores equipos de protección individual y velar por el uso efectivo de los mismos. Debe proporcionarlos siempre que existan riesgos que no hayan   podido evitarse o limitarse suficientemente por medios técnicos, por protección colectiva o por organización del trabajo.

Los trabajadores   utilizarán y mantendrán los EPI'S proporcionados por la Jefatura de la Policía Local de Cádiz, siguiendo   las especificaciones indicadas por el fabricante y que estarán a su disposición.

En todo caso,   deberán informar   a sus superiores   de los defectos   y anomalías que en ellos detecten.

En la evaluación   de riesgos se establece   la necesaria utilización   de protección individual para cada uno de los puestos del centro de trabajo.   De igual forma,   siempre   que se incorporen nuevos equipos de trabajo o productos químicos se utilizarán   los equipos indicados   por el fabricante o distribuidor. La Jefatura de la Policía Local de Cádiz, contará con el asesoramiento del técnico especializado en prevención de la Jefatura de la Policía Local de Cádiz, permitiendo además la participación   de   los trabajadores.

Es conveniente   que la Jefatura de la Policía Local de Cádiz, elabore   y mantenga actualizado un inventario   de estos equipos. Se registrará su entrega a los trabajadores de Equipos de Protección Individual.

16. INFORMACIÓN, CONSULTA Y TRABAJADORES PARTICIPACIÓN DE LOS TRABAJADORES.

La Jefatura de la Policía Local de Cádiz, informará de los riesgos laborales por puesto de trabajo y de las medidas de emergencia. Esta acción deberá quedar registrada.

Asimismo, la Jefatura de la Policía Local de Cádiz, pondrá a disposición de los trabajadores los manuales de los equipos de trabajo y las fichas de seguridad de los productos químicos.

El Súper Intendente Jefe, deberá consultar a los trabajadores y permitir su participación en todas las cuestiones que afecten a la seguridad y a la salud en el trabajo. Por otro lado, los trabajadores tendrán derecho a efectuar propuestas al Súper Intendente Jefe dirigido a la mejora de los niveles de protección de la seguridad y la salud en la empresa. Para ello, la Jefatura de la Policía Local de Cádiz, establecerá los canales de información adecuados para que esto se lleve a cabo.

17. FORMACIÓN

La formación en prevención de riesgos laborales será programada ateniéndose a las necesidades detectadas en la evaluación de riesgos y en las medidas de emergencia e incorporadas en la planificación de la actividad preventiva.

La Escuela de Seguridad pública del Ayuntamiento de Cádiz, deberá motivar la asistencia de los trabajadores a los cursos programados en el Plan de Formación.

La Escuela de Seguridad pública del Ayuntamiento de Cádiz, deberá llevar un registro de la formación planificada y/o impartida a sus trabajadores con al menos los siguientes campos:

- Curso: Nombre del curso realizado o que se tiene planificado realizar por el trabajador.
- Fecha inicio: Fecha de inicio del curso realizado o que se tiene planificado realizar por el trabajador
- Fecha fin: Fecha de finalización del curso o cuando se recibe la confirmación de la realización en el caso de cursos a distancia

- Identificación: Número que da la Escuela de Seguridad pública del Ayuntamiento de Cádiz, al documento de certificación de la formación

18. VIGILANCIA DE LA SALUD

La Jefatura de la Policía Local de Cádiz, garantizará   la vigilancia de la salud de los trabajadores en función de los riesgos inherentes a los puestos de trabajo.

Los reconocimientos médicos periódicos serán voluntarios para los trabajadores. Aunque se puede establecer excepciones previo informe de los representantes de los trabajadores, cuando se den los siguientes casos:

- Cuando sea imprescindible   para evaluar los efectos de las condiciones de trabajo.
- Cuando el estado de salud sea peligroso para el trabajador afectado o para otros trabajadores.
- Cuando esté establecido en alguna disposición legal (p. ej.: Ruido - R.D. 286/2006 ...)

19. PERSONAL SENSIBLE Y MATERNIDAD.

La dirección de la Jefatura de la Policía Local de Cádiz, establecerán los puesto de segunda actividad, a los que optara el personal sensible por prescripción médica, así como durante los periodos de maternidad. En base a las siguientes normativas:

NTP 914: Embarazo, lactancia y trabajo: promoción de la salud (pdf, 375 Kbytes)

NTP 915: Embarazo, lactancia y trabajo: vigilancia de la salud (pdf, 382 Kbytes)

NTP 992: Embarazo y lactancia natural: procedimiento para la prevención de riesgos en las empresas (pdf, 265 Kbytes)

NTP 993: Embarazo y lactancia natural: el papel de la empresa en la prestación por riesgo laboral (pdf, 245 Kbytes)

20. CONTROL INTERNO DEL SISTEMA DE PREVENCIÓN DE RIESGOS LABORALES

La dirección de la Jefatura de la Policía Local de Cádiz, realizara controles periódicos de las condiciones de trabajo y de la actividad de los trabajadores en la prestación de sus servicios, para detectar situaciones potencialmente peligrosas.

Las actividades de prevención deberán ser modificadas cuando se aprecie, por la dirección de la Jefatura de la Policía Local de Cádiz, como consecuencia de los controles periódicos previstos en el apartado anterior, su inadecuación a los fines de protección requeridos.

21. PRESENCIA DE RECURSOS PREVENTIVOS

La dirección de la Jefatura de la Policía Local de Cádiz, deberá establecer la presencia en el centro de trabajo de recursos preventivos en los siguientes casos:

- Cuando los riesgos puedan verse agravados o modificados, en el desarrollo del proceso o la actividad, por la concurrencia de operaciones diversas que se desarrollan sucesiva o simultáneamente y que hagan preciso el control de la correcta aplicación de los métodos de trabajo.
- Cuando se realicen las actividades o procesos peligrosos.
- Cuando la necesidad de dicha presencia sea requerida por la Inspección de Trabajo y Seguridad Social, si las circunstancias del caso así lo exigieran debido a las condiciones de trabajo detectadas.

En la Evaluación de Riesgos Laborales se identificarán aquellos riesgos y tareas integrantes de las actividades o procesos descritos en los apartados 7.15.1 y 7.15. 2 anteriores. La forma de llevar a cabo la presencia de los recursos preventivos quedará determinada en la Planificación de la Actividad Preventiva.

Se consideran recursos preventivos, a los que La dirección de la Jefatura de la Policía Local de Cádiz podrá asignar la presencia, los siguientes:

- Uno o varios trabajadores designados de la empresa.
- Uno o varios miembros del servicio de prevención propio de la empresa.

No obstante lo señalado en los apartados anteriores, la dirección de la Jefatura de la Policía Local de Cádiz podrá asignar la presencia de forma expresa a uno o varios trabajadores de la empresa que, sin formar parte del servicio de prevención propio ni ser trabajadores designados, reúnan los conocimientos,

la cualificación y la experiencia necesarios en las actividades o procesos peligrosos y cuenten con la formación preventiva correspondiente, como mínimo, a las funciones del nivel básico.

En este supuesto, tales trabajadores deberán mantener la necesaria colaboración con los recursos preventivos del empresario.

Los recursos preventivos deberán tener la capacidad suficiente, de disponer de los medios necesarios y ser suficientes en número para vigilar el cumplimiento de las actividades preventivas, debiendo permanecer en el centro de trabajo durante el tiempo en que se mantenga la situación que determine su presencia.

Cuando concurran más varias unidades de diferentes cuerpos de policia en el LUGAR de trabajo, que realicen las operaciones a las que se refiere el punto 7.15.1 o realicen actividades o procesos peligrosos según el punto 7.15.2, la obligación de designar recursos preventivos para su presencia en el centro de trabajo recaerá sobre la empresa o empresas que realicen dichas operaciones o actividades. Cuando sean varios dichos recursos preventivos deberán colaborar entre sí y con el resto de personas encargadas de la coordinación de actividades preventivas.

- o **DOCUMENTACIÓN**

La dirección de la Jefatura de la Policía Local de Cádiz, deberá conservar actualizada, al menos, la siguiente documentación:

- Nombramientos de Delegados de Prevención y, en su caso, de componentes del Comité de Seguridad y Salud
- La evaluación de riesgos, la planificación de la actividad preventiva y el Plan de Prevención
- Registro de la adopción de las medidas preventivas derivadas de la evaluación de riesgos
- Carta de aptitud de los trabajadores resultado de los reconocimientos médicos periódicos
- Relación de accidentes de trabajo y enfermedades profesionales

- Investigaciones de accidentes realizadas por La dirección de la Jefatura de la Policía Local de Cádiz o por Servicios de Prevención.
- Verificaciones o controles periódicos realizados con medios propios
- Registro de impartición de formación a trabajadores
- Registros de entrega de información a los trabajadores
- Registro de entrega de equipos de protección individual. Esta documentación   será complementada,   en su caso, por:
  - ✓ Certificados   de inspecciones   de equipos.
  - ✓ Revisiones de los equipos de trabajo
  - ✓ Declaraciones   de conformidad   de equipos de trabajo

- o **INSTRUCCIONES DE TRABAJO**

Para aquellas actividades en las que se requiera un control complementario o medidas específicas de actuación se definirán unas instrucciones de trabajo conforme al procedimiento.

- o **REGISTROS**

Los registros son la prueba documental que evidencia la implantación del sistema preventivo.

Cada procedimiento dispone de sus registros específicos.

Los formatos para el registro de las actividades de prevención de riesgos laborales, se incorporaran en el anexo.

- o **ASIGNACIÓN DE RECURSOS**

Los medios para la organización y coordinación de las actividades preventivas en la Jefatura de la Policía Local de Cádiz, se desarrollan a través de los siguientes medios humanos y materiales.

El plan de PRL que se presenta es la manifestación expresa del compromiso de que en materia de prevención asume desde el SUPERINTENDENTE a cualquiera de los niveles jerárquicos de la misma.

PERSONAL:

Cargo	Nombre	Observación
Dirección del Sistema PRL.	D.	Superintendente o quien delegue.
Técnico PRL, Policía Local de Cádiz.	D.	
Delegado/s Prevención.	D.---	

22. ANEXOS. FORMATOS PARA EL SISTEMA DE PRL

22.1. Formato de inventario de equipos

Equipo	Marca	Modelo	Año Fabric.	Posterior al 1/1/95			Anterior al 1/1/95
				Marcado CE	Declaración conformidad	Manual Instruc.	Adaptada R.D.1215/97

22.2. CARTA INFORMATIVA A LOS TRABAJADORES PARA EL NOMBRAMIENTO DE LOS DELEGADOS DE PREVENCIÓN.

A la atención de: Delegado/s de Personal // Trabajadores.

………… a……… de ………de ….2015

Muy Señores nuestros:

En cumplimiento del deber de información que la Jefatura de la Policía Local de Cádiz tiene, en materia de Prevención de Riesgos Laborales, y con el fin de canalizar la participación de los trabajadores en esta materia, se informa a los trabajadores del derecho a elegir la figura del Delegado de Prevención.

Este Delegado de Prevención será elegido por y entre los representante de personal.

Al delegado de prevención se atribuye el ejercicio de las funciones especializadas en materia de Prevención de riesgos en el trabajo, otorgándoles para ello competencias, facultades y garantía necesarias.

En este sentido, les invito a que en el plazo más breve posible y según marca la ley 31/95, designen quien es el Delegado de Prevención de la Jefatura de la Policía Local de Cádiz, y nos lo comuniquen a los efectos oportunos.

Atte.

Fdo:……………………………………

Cargo:……………………………………

22.3. ACTA DE NOMBRAMIENTO DE DELEGADOS DE PREVENCIÓN

.... a......... de.........de 2015

En cumplimiento del artículo 35 de la Ley 31/95, reunidos los representantes de los trabajadores, han designado de entre sus miembros a:

D.. Con DNI: ....

D. .... Con DNI: ....

D. .... Con DNI: ....

D. .... Con DNI: ....

Como DELEGADOS DE PREVENCIÓN con las competencias, facultades y garantías de sigilo profesional que contempla dicha Ley.

Acepto el nombramiento

Fdo.:...

Acepto el nombramiento

Fdo.:...

Acepto el nombramiento

Fdo.:...

Acepto el nombramiento

Fdo.:...

Enterado por la Jefatura de la Policía Local de Cádiz

Fdo.: ....

(Cargo y sello de la Entidad)

22.4. ACTA DE CONSTITUCIÓN DEL SUBCOMITÉ DE SEGURIDAD Y SALUD.

.... a......... de.........de....2015

Previa citación, se reúnen las personas relacionadas a continuación para celebrar la reunión de constitución del Comité de Seguridad y Salud.

Asistentes:

Representantes de la Jefatura de la Policía Local de Cádiz:

D. .... Con DNI: ....

D. .... Con DNI: ....

D. .... Con DNI: ....

D. .... Con DNI: ....

Delegados de Prevención:

D. .... Con DNI: ....

D. .... Con DNI: ....

D. .... Con DNI: ....

D. .... Con DNI: ....

CONSTITUCIÓN DEL SUBCOMITÉ DE SEGURIDAD Y SALUD

Con objeto de dar cumplimiento a la ley 31/1995 se constituye el presente Comité de Seguridad y Salud.

Sus principios de funcionamiento, competencias y facultades serán los especificados en los artículos 38 y 39 de la Ley de Prevención de Riesgos Laborales.

Para dar fe de este acto se firma, con nombre y rúbrica, el presente documento.

Fdo.:......................................

Cargo:................................

22.5. FORMATO DE COMUNICACIÓN DE ACCIDENTES GRAVES

<table>
<tr><td colspan="4" align="center">DATOS DEL PUESTO DE TRABAJO</td></tr>
<tr><td colspan="2" align="center">Puesto de trabajo</td><td align="center">Sección</td><td align="center">Fecha / hora / turno</td></tr>
<tr><td colspan="2"></td><td></td><td></td></tr>
<tr><td colspan="4" align="center">DATOS PERSONALES DEL ACCIDENTADO</td></tr>
<tr><td colspan="4">Nombre:</td></tr>
<tr><td colspan="2">Categoría:</td><td colspan="2">Ocupación</td></tr>
<tr><td colspan="2">Antigüedad en el puesto:</td><td colspan="2">Antigüedad en LA JEFATURA:</td></tr>
<tr><td colspan="4" align="center">DESCRIPCIÓN DEL ACIDENTE</td></tr>
<tr><td colspan="4">Descripción breve y clara del trabajo que realizaba</td></tr>
<tr><td colspan="4"></td></tr>
<tr><td colspan="4">Descripción breve y clara de la forma en que sucedió el accidente</td></tr>
<tr><td colspan="4"></td></tr>
<tr><td colspan="4" align="center">CONSECUENCIAS</td></tr>
<tr><td colspan="2">Parte lesionada</td><td colspan="2">Descripción de la lesión</td></tr>
<tr><td rowspan="2">Grado de la lesión</td><td>☐ Grave</td><td colspan="2">Posibilidad de repetición:</td></tr>
<tr><td>☐ Muy Grave</td><td colspan="2">☐ Frecuente ☐ Ocasional ☐ Raro</td></tr>
<tr><td colspan="2">Forma de producirse el accidente:</td><td colspan="2">Objeto que causó la lesión:</td></tr>
<tr><td colspan="2"></td><td colspan="2"></td></tr>
</table>

22.6. FORMATO DE ANÁLISIS DE ACCIDENTES.

Empresa: Jefatura de la Policía Local de Cádiz **CIF** ....

Nombre del accidentado: ....

Fecha del accidente: ....

Descripción del accidente

(nota: debe dar respuesta a las preguntas ¿qué y cómo ocurrió?)

Causa del accidente

(nota: debe dar respuesta a la pregunta ¿por qué ocurrió?)

Medidas a adaptar

Las causas detectadas en la investigación del accidente reflejan la existencia de ciertos riesgos que **deben estar incluidos en la evaluación de riesgos**, siendo necesario informa a los trabajadores afectados de su existencia y de las medidas de protección y prevención aplicables.

Medidas	Fecha fin	Resp.	Fecha control	Eficacia

Datos de la investigación

Fecha:

Personas entrevistadas

Autores de la investigación:

22.7.　　AUTORIZACIÓN DE USO DE EQUIPO DE TRABAJO

Nombre del trabajador: ………………………………………………………………………..

Sección: …………………………………………………………………………………………..

Puesto de trabajo …………………………………………………………………………………

Se autoriza, al trabajador arriba indicado, a manejar los siguientes equipos de trabajo. Este trabajador, acredita capacitación para su uso, así como conocimiento del manual de instrucciones:

Equipo	Fecha entrega	Firma trabajador

El resto de equipos de trabajo que no se mencionan le quedan prohibidos.

Fdo: ………………………

Cargo: ……………………

22.8.   ENTREGA DE EQUIPOS DE PROTECCIÓN INDIVIDUAL POR TRABAJADOR.

Nombre del trabajador: ....

Sección: ....

Puesto de trabajo ....

Tal y como indica la Ley 31/1995 de Prevención de Riesgos Laborales y, en cumplimiento de su artículo 17, hacemos entrega, al trabajador arriba mencionado, los siguientes equipos de protección individual:

EPI	Cdad.	Fecha entrega	Firma trabajador	Revisión equipo(*)

(*) Fecha de sustitución del equipo o de partes de este (filtros, ...) o fecha de verificación del mismos según fabricante.

Se acompañan las instrucciones e informaciones precisas y necesarias para su correcto uso y mantenimiento, con el compromiso de utilizarlos correctamente, tal y como se indica en el art. 29 de la Ley 31/95.

Fdo: ....

Cargo: ....

22.9.　REGISTRO DE ENTREGA DE INFORMACIÓN A LOS TRABAJADORES SOBRE SUS RIESGOS LABORALES.

Puesto	Trabajador	Información entregada	Fecha	Firma trabajador

22.10. REGISTRO POR TRABAJADOR DE LA ENTREGA DE INFORMACIÓN

Nombre del trabajador: ....

Sección: ....

Puesto de trabajo ....

Tal y como indica la ley 31/95 de PRL y, en cumplimiento de su artículo 18, hacemos entrega al trabajador arriba mencionado de la siguiente información:

Información entregada	Fecha entrega	Firma trabajador

22.11. REGISTRO DE FORMACIÓN

Nombre del trabajador: ....

Sección: ....

Puesto de trabajo ....

Curso	Ref.	Fecha ini	Fecha fin	Identificación

Capítulo 5 – CONLUSIONES

PRIMERA CONCLUSIÓN

Una vez revisada la materia anterior que les relaciono, puedo proponer la creación de un Reglamento especifico de Prevención de Riesgos Laborales para la Policía Local de Cádiz, en la línea de una de las propuestas del Defensor del Pueblo Andaluz, que considera de que por tratarse de aspectos o cuestiones de carácter auto organizativos, la prevención y atención de los riesgos para la seguridad y la salud laborales de los Cuerpos de Policía Local, deberían ser los propios Ayuntamientos los que deberían concretar su organización preventiva y redactar el plan de prevención al efecto.

Dicho Reglamento de Prevención de Riesgos Laborales para la Policía Local de Cádiz, se debería aplicar como así lo hacen los Reales Decretos creados al efecto tras la sanción del STJCE, al Reino de España para la Policía Nacional, Guardia Civil y Fuerzas Armadas, donde:

Por un lado, se especifica que el desempeño de tareas administrativas y gestión, así como otras que no tengan que ver directamente con el desempeño policial se desarrolle desde la ley 31/ 95, de 8 de noviembre de Prevención de Riesgos Laborales.

Y por otro lado, en cuanto a las tareas especificas del trabajo policial, se realice un Plan de Prevención de Riesgos Laborales especifico para la Policía Local de Cádiz, desde el nuevo Reglamento ya que así lo estipula la normativa europea, la cual es de aplicación a las policías locales, al igual que lo ha sido a los demás Fuerzas y Cuerpos de Seguridad.

Según se puede ver en el Pan de Prevención de Riesgos laborales, redactado por el servicio de prevención del Ayuntamiento de Cádiz, en su punto nº 1 AMBITO DE APLICACIÓN DEL INFORME dice:

"El presente informe comprende la evaluación de riesgos laborales de la DELEGACION DE LA POLICIA LOCAL, conforme a lo establecido en el Articulo 16 de la Ley 31/1995 de Prevención de Riesgos.

Es necesario indicar que aquellas actividades particulares propias de intervenciones en "persecución de delincuentes, actos delictivos, atentados, accidentes graves, catástrofes naturales u otros eventos similares", cuya gravedad y magnitud requieran la adopción de medidas indispensables para la protección de la vida, la salud y la seguridad colectiva, no se consideran en el documento al quedar excluidas de la ley 31/95. No obstante las citadas intervenciones podrán ser identificadas, desarrolladas e implantadas por parte de la jefatura de la Policía, mediante las normas de funcionamiento interno que dictamine, tales como; circulares, reglamento interno, ordenes, procedimientos operativos policiales, ...etc., al objeto de regular la protección de la seguridad y salud de los trabajadores que prestan sus servicios en las citadas intervenciones".

Por lo que propongo que se realice un plan de prevención de riesgos laborales especifico para la policía local de Cádiz, el cual se recoja en el reglamento de la policía local como plan de prevención de riesgos especifico de la policía local de Cádiz.

SEGUNDA CONCLUSIÓN

En una segunda búsqueda, en cuanto a la organización preventiva del Ayuntamiento de Cádiz, encuentro Publicado en el Boletín Oficial de la Provincia de Cádiz, con numero de boletín 242 de 22 de diciembre de 2010, el "REGLAMENTO DE REGIMEN INTERNO DEL COMITÉ DE SEGURIDAD Y SALUD DEL AYUNTAMIENTO DE CÁDIZ". Una vez estudiado, el reglamento de régimen interno del comité de seguridad y salud del Ayuntamiento de Cádiz, y las peticiones que realiza el sindicato CSI F donde, **"SOLICITA:** Se proceda, con carácter urgente, a incluir al colectivo de Policía local en la organización preventiva municipal. (Evaluaciones de riesgos. Plan de prevención, Investigación de accidentes, Vigilancia de la salud, Formación e información, etc.)." Solicitud realizada el día 24 de julio de 2014 por los Responsables Sección Sindical de CSIF Ayuntamiento de Cádiz y Delegado de Prevención Junta de Personal". El comité de seguridad y salud del Ayuntamiento de Cádiz, en reunión celebrada el 5 de febrero de 2015, incluye a la de Policía Local de Cádiz, dentro de la organización preventiva municipal , los siguientes términos:

"La inclusión en la organización preventiva municipal, conlleva entre otras cuestiones a evaluaciones de riesgos individualizadas, seguridad en edificios y vehículos, plan de prevención, investigación de accidentes, formación, etc. al igual que al resto de trabajadores municipales, exceptuándose por ahora las situaciones en intervenciones".

Hecho que da lugar a una desprotección de los policías locales de Cádiz, en las líneas que marca la sentencia de la sala segunda del Tribunal de Justicia de las Comunidades Europeas (TJCE), que condenó a España, en la sentencia del 12 de Enero de 2006 (asunto C-132/2004, Diario Oficial Comunidades Europeas [DOCE] de 11 de Marzo de 2006), como consecuencia del incumplimiento de parte de las obligaciones especificadas en los artículos 10 CE y 249 TCE, así como las impuestas por la Directiva 89/391/CEE del Consejo, del 12 de Junio de 1989, artículos 2 y 4 de dicha normativa, relativas a la aplicación de medidas de mejora de la seguridad y salud de los trabajadores en el trabajo, en lo que respecta al personal no civil de las Administraciones Públicas.

Se hace necesario la creación de un "REGLAMENTO ESPECIFICO DE SEGURIDAD Y SALUD DE LA POLICÍA LOCAL DEL AYUNTAMIENTO DE CÁDIZ", tomando como referencia la sentencia de la sala segunda del Tribunal de Justicia de las Comunidades Europeas (TJCE) y el Real Decreto que desarrolla el Gobierno de España, para la Policía Nacional.

El citado REGLAMENTO ESPECIFICO DE SEGURIDAD Y SALUD DE LA POLICÍA LOCAL DEL AYUNTAMIENTO DE CÁDIZ, se aplicara desde la COMISIÓN ESPECIFICA DE SEGURIDAD Y SALUD DE LA POLICÍA LOCAL DE CÁDIZ, compuesta por:

Teniente de Alcalde, Concejal Delegado de Seguridad Ciudadana.

Súper Intendente Jefe o persona en quien delegue

Técnico de Prevención de riesgos laborales de la Policía Local de Cádiz, con titulación habilitante.

Un responsable de cada uno de los sindicatos con representación en la Policía local de Cádiz.

Capítulo 6 Bibliografía referenciada y nomenclaturas

Bibliografía referenciada en el Capitulo 3

[1] La Directiva 89/391/CEE del Consejo, del 12 de Junio de 1989, vista el día 24 de mayo de 2015 http://noticias.juridicas.com/base_datos/Admin/dir2003-10-cee.html

[2] La Ley 31/1995, de 8 de noviembre, de Prevención de Riesgos Laborales ,vista el día 24 de mayo de 2015

https://www.boe.es/boe/dias/1995/11/10/pdfs/A32590-32611.pdf

[3] La Sala Segunda del Tribunal de Justicia de las Comunidades Europeas (TJCE), vista el día 24 de agosto de 2015

http://www.elsindi.cat/pdf/salut_laboral/STJCE.pdf

[4] RD 179/2005 de 18 de Febrero de Prevención de Riesgos Laborales en la Guardia Civil, Vista 2 de septiembre de 2015

https://www.boe.es/boe/dias/2005/02/26/pdfs/A07108-07112.pdf

[5] RD 2/2006 de 16 de Enero, de Prevención de Riesgos Laborales en la Actividad de los Funcionarios de la Policía Nacional, Vista el 24 de agosto de 2015

http://www.insht.es/portal/site/Insht/menuitem.1f1a3bc79ab34c578c2e8884060961ca/?vgnextoid=3dc0f505e8da5110VgnVCM100000dc0ca8c0RCRD&vgnextchannel=ff3cc6b33a9f1110VgnVCM100000dc0ca8c0RCRD&tab=tabConsultaCompleta

[6] RD 1755/2007 de 28 de Diciembre de Prevención de Riesgos Laborales del Personal Militar de las Fuerzas Armadas, visto 24 de agosto de 2015,

https://www.boe.es/diario_boe/txt.php?id=BOE-A-2008-899

Bibliografía referenciada en el capitulo 4

[1] RD 2/2006 de 16 de Enero, de Prevención de Riesgos Laborales en la Actividad de los Funcionarios de la Policía Nacional, Vista el 24 de agosto de 2015

http://www.insht.es/portal/site/Insht/menuitem.1f1a3bc79ab34c578c2e8884060961ca/?vgnextoid=3dc0f505e8da5110VgnVCM100000dc0ca8c0RCRD&vgnextchannel=ff3cc6b33a9f1110VgnVCM100000dc0ca8c0RCRD&tab=tabConsultaCompleta

[2] "Reglamento de régimen interno del comité de seguridad y salud del Ayuntamiento de Cádiz" Visto el 2 de septiembre de 2015

http://institucional.cadiz.es/area/Normativa%20Municipal/679

[3] Directiva 89/391/CEE del Consejo, del 12 de Junio de 1989 vista el día 24 de mayo de 2015 http://noticias.juridicas.com/base_datos/Admin/dir2003-10-cee.html

[4] Ley 31/1995, Prevención de riesgos laborales,vista el día 24 de mayo de 2015

https://www.boe.es/boe/dias/1995/11/10/pdfs/A32590-32611.pdf

[5] Ley 54/2003, reforma del marco normativo de la prevención de riesgos laboral. Vista el 1 de octubre de 2015 https://www.boe.es/buscar/doc.php?id=BOE-A-2003-22861

[6] Real decreto 39/1997, Reglamento servicios de prevención, visto 1 de octubre de 2015

http://www.insht.es/portal/site/Insht/menuitem.1f1a3bc79ab34c578c2e8884060961ca/?vgnextoid=1b3c62390bcc5110VgnVCM100000dc0ca8c0RCRD&vgnextchannel=75164a7f8a651110VgnVCM100000dc0ca8c0RCRD&tab=tabConsultaCompleta

[7]Real decreto 337/2010, modificación Reglamento servicios de prevención.
Visto 1 de octubre de 2015

http://www.insht.es/portal/site/Insht/menuitem.1f1a3bc79ab34c578c2e8884060961ca/?vgnextoid=f610f9d58f587210VgnVCM1000008130110aRCRD&vgnextchannel=75164a7f8a651110VgnVCM100000dc0ca8c0RCRD&tab=tabConsultaCompleta

[8]Reglamento de régimen interno del comité de seguridad y salud del Ayuntamiento de Cádiz. Visto 1 de octubre de 2015

http://institucional.cadiz.es/area/documento/reglamento-de-régimen-interno-del-comité-de-seguridad-y-salud

[9]LEY 25/2009, de 22 de diciembre, de modificación de diversas leyes para su adaptación a la Ley sobre el libre acceso a las actividades de servicios y su ejercicio. BOE nº 308 23/12/2009. Visto 1 de octubre de 2015

https://www.boe.es/boe/dias/2009/12/23/pdfs/BOE-A-2009-20725.pdf

[10]Artículo 16: Plan de prevención de riesgos laborales, evaluación de los riesgos y planificación de la actividad preventiva. Visto 1 de octubre de 2015

https://www.google.es/?gfe_rd=cr&ei=4Q77UtH3I8LQ8geBooHoCA#q=Art%C3%ADculo+16:+Plan+de+prevención+de+riesgos+laborales%2C+evaluación+de+los+riesgos+y+planificación+de+la+actividad+preventiva.

[11]Ley Orgánica 2/1986, de 13 marzo, de Fuerzas y Cuerpos de Seguridad.
Visto 1 de octubre de 2015

http://noticias.juridicas.com/base_datos/Admin/lo2-1986.html

[12]Ley 13/2001, de 11 de diciembre de Coordinación de las Policías Locales en Andalucía. Visto 1 de octubre de 2015

http://noticias.juridicas.com/base_datos/CCAA/an-l13-2001.t3.html

Bibliografía referenciada en el capitulo 7

[1]Resolución del Defensor del Pueblo Andaluz formulada en la queja 10/1398 dirigida a Consejería de Empleo, Consejería de Gobernación y Justicia. Relativa a: Seguridad y salud laborales en cuerpos de policía local de Andalucía. Vista el 1 de octubre de 2015
http://www.defensordelppuebloandaluz.es/node/458

Nomenclaturas:

- (TJCE) Tribunal de Justicia de las Comunidades Europeas.
- (DOCE) Diario Oficial Comunidades Europeas.
- (CEE) Comunidad económica europea.
- (RD) Real Decreto.
- (PRL) Prevención de Riesgos Laborales.
- (SPME-A)Sindicato profesional de policías municipales de España – Andalucía.
- (ART.) Artículos.
- (CSIF) Central Sindical Independiente y de Funcionarios.
- (CE) Constitución Española, 1978.
- (TCE) Tratado Constitutivo de la Comunidad Europea.
- (BOE) Boletín Oficial del Estado.
- (CSS-ACA) Comité de Seguridad y Salud del Ayuntamiento de Cádiz.
- (PLC) Policía Local de Cádiz.
- (EPI) Equipo de Protección Individual.
- (PL) Policía Local.
- (ESPAC) Escuela de Seguridad Publica del Ayuntamiento de Cádiz.

Capítulo 7 APENDICE, EN CONSULTA AL DEFENSOR DEL PUEBLO ANDALUZ POR EL SINDICATO SPME-A

EL Defensor del Pueblo Andaluz presenta resolución ante la queja 10/1398, dirigida a Consejería de empleo, Consejería de Gobernación y Justicia. Relativa a Seguridad y Salud laboral en los cuerpos de policía local de Andalucía[1]

Dirección General de política (Junta de Andalucía).

La cual hizo referencia a que sus competencias son en referencia a la Ley Orgánica 2/1986, del 13 de marzo, de fuerzas y cuerpos de Seguridad y Ley 13/2001 de 11 de diciembre de Coordinación de policías locales de Andalucía.

Así mismo indico que la competencia sobre prevención de riesgos laborales en Andalucía correspondía a la Consejería de Empleo.

Consejería de Empleo, se responde que la competencia sobre legislación en prevención de riesgos laborales, es competencia exclusiva del Estado, careciendo de potestad legislativa y reglamentaria en esta materia.

Concluyendo que queda matizada la exclusión establecida en el Art. 3.2 de la citada ley 31/1995, de 8 de noviembre, y que la propia ley inspirara la normativa especifica que se dicte para regular la protección de la seguridad y la salud de los trabajadores que presten sus servicios en las indicadas actividades.

Por otro lado estima adecuado que las adaptaciones en materia de prevención de riesgos laborales que competan a los funcionarios de policía local , se aborden en su caso se aborden en su caso, al amparo de las competencias sobre función publica local, sin prejuicio de la necesaria participación de esta consejería.

116

Solicitan de la **Delegación del Gobierno en Andalucía** la emisión de informe, sobre las previsiones respecto al establecimiento de una normativa de carácter

básico en materia de prevención de riesgos laborales en el ámbito de los Cuerpos de Policía Local, así como criterio que se mantuviere respecto a la competencia sobre la iniciativa, elaboración y el establecimiento de una norma como la que nos ocupa.

La Delegación del Gobierno en Andalucía, un informe jurídico elaborado por la Secretaría General Técnica del Ministerio de Trabajo e Inmigración. El mismo, en síntesis, nos venía a informar lo siguiente:

El Estado no ha adoptado ninguna norma específica relativa a la prevención de riesgos laborales de los cuerpos de Policía Local de Andalucía ni de otras Comunidades Autónomas.

Menos aún está previsto el establecimiento de normativa de carácter básico en materia de prevención de riesgos laborales para los cuerpos de Policía Local, porque la normativa de carácter básico, según la disposición adicional tercera de la Ley 31/1995, de 8 de noviembre, de Prevención de Riesgos Laborales, será a los efectos oportunos:

Esta Ley, así como las normas reglamentarias que dicte el Gobierno en virtud de lo establecido en el Art. 6, constituyen legislación laboral, dictada al amparo del articulo 149.1.7ª de la Constitución.

Respecto del personal civil con relación de carácter administrativo o estatutario al servicio de las Administraciones Públicas, la presente Ley será de aplicación supletoria (...) en el sentido previsto en el articulo 149.1.18ª de la Constitución".

Añadía el informe de la Secretaría General Técnica indicada que conforme establece el articulo 3.2 de la Ley de Prevención de Riesgos Laborales- ciertos aspectos de la normativa general sobre seguridad y salud laborales no eran de aplicación a determinadas funciones desarrolladas por los cuerpos de policía local, debiendo ser objeto de regulación específica.

Igualmente, traía a colación el informe de la Administración del Estado que la Directiva 89/391/CEE, del Consejo, de 12 de junio de 1989, relativa a la aplicación de medias para promover la mejora de la seguridad y de la salud de los trabajadores, establece (en su Art. 2.2): «la presente Directiva no será de aplicación cuando se opongan a ella determinadas actividades específicas de la función pública, por ejemplo en las fuerzas armadas o a la policía, o a determinadas actividades específicas de los servicios de protección civil. En este caso, será preciso velar para que la seguridad y la salud de los trabajadores queden aseguradas en la medida de lo posible, habida cuenta los objetivos de la presente Directiva».

En cuanto al personal de las Administraciones Públicas, añadía la Secretaría General Técnica, la competencia del Estado es exclusiva sólo en cuanto a las bases del régimen estatutario de los funcionarios de las Administraciones Publicas (Art. 149.1.18º de la Constitución). En el ámbito de la Administración del Estado, se ha desarrollado determinada normativa de prevención de riesgos laborales aplicable a colectivos específicos, tales como el Real Decreto 1932/1998, de 11 de septiembre, aplicable a las relaciones de trabajo del personal laboral y los funcionarios civiles que prestan sus servicios en establecimientos dependientes de la Administración Militar; los Reales Decretos 179/2005, de 18 de febrero y 2/2006, de 16 de enero, aplicables respectivamente al Cuerpo de la Guardia Civil y al Cuerpo Nacional de Policía. Finalmente indicaba la Secretaría General Técnica el Real Decreto 1755/2007, de 28 de diciembre de prevención de riesgos laborales del Personal Militar de las Fuerzas Armadas y el Real Decreto 67/2010, de 29 de enero, de adaptación de la legislación de prevención de riesgo laborales a la Administración General del Estado, que es aplicable tan solo a las relaciones en dicho ámbito, pero no lo es, ni con carácter supletorio, a los de otros ámbitos dotados de autonomía propia, como son los municipios para la gestión de sus intereses.

En todos los casos indicados, la iniciativa para dictar el reglamento correspondiente había recaído en la autoridad competente por razón del vínculo administrativo con el personal (Ministerio de Administraciones Publicas, Presidencia, Interior, Defensa).

Una vez estudiada dicha comunicación y, ante la contundencia de la respuesta informativa recibida de la Administración General del Estado, que radicaba y residenciaba en la Administración Autonómica la competencia en la materia, procedimos a:

Solicitar nuevamente informe a la Consejería de Gobernación para interesarle y solicitarle información relativa a planteamiento de nuevos criterios -si los hubiere- al respecto de la competencia y oportunidad de asumir ese Departamento -en colaboración con otros Departamentos de la Administración de la Junta de Andalucía- la elaboración y propuesta de una iniciativa normativa del tipo de la propugnada por el referido representante sindical.

En su respuesta, la Administración gubernativa de la Junta de Andalucía, volvía a insistir en el reparto constitucional y estatutariamente realizado de las competencias en la materia, dando por reproducidos argumentos y fundamentos jurídicos ya señalados al respecto por la Administración General de del Estado y por la Consejería de Empleo; así como por la propia Consejería de Gobernación en respuestas anteriores.

No obstante, como novedoso se incluía ahora en su respuesta la consideración de que por tratarse de aspectos o cuestiones de carácter auto organizativos, la prevención y atención de los riesgos para la seguridad y la salud laborales de los Cuerpos de Policía Local deberían ser los propios Ayuntamientos los que deberían concretar su organización preventiva y redactar el plan de prevención al efecto.

Al margen de lo anterior, y como otra cuestión novedosa en el informe de la Administración Autonómica (Consejería de Gobernación) ahora sí se apuntaba una posible medida a adoptar, que en nuestra opinión podría contribuir a la integración de la actual laguna normativa en la que nos encontramos, por lo que a la situación planteada por el sindicato promoverte de la queja se refiere. Afirmaba la Consejería de Gobernación:

" ....desde la potestad autonómica de promoción de la prevención, podría elaborarse una guía o documento de orientación, tanto por la Administración Andaluza (Consejería de Empleo) como, si procediera, por el Instituto Nacional de Seguridad e Higiene en el Trabajo en el ámbito nacional"

Expuesto lo anterior, en nuestra opinión caben efectuar las siguientes:

CONSIDERACIONES

Primera. Régimen Jurídico de la prevención de riesgos laborales respecto del personal civil administrativo y estatutario en las Administraciones Públicas.

El principio básico es la encomienda que efectúa al respecto el Art. 40.2 de la Carta Magna a los poderes públicos; encomienda que se considera como uno de los principios rectores de la política social y económica, en orden a velar por la seguridad e higiene en el trabajo.

A efectos de dar cumplimiento y velar por la aplicación efectiva de aquel principio y conforme establece el Art. 149.1.18º de la Constitución, corresponde al Estado el establecer las bases del régimen estatutario de sus empleados públicos.

Es por ello, que la Ley 31/1995, de 8 de noviembre, incluye -en consecuencia- en su ámbito de aplicación además del personal sujeto a las relaciones laborales privadas, como al personal civil con relación de carácter administrativo o estatutario al servicio de las Administraciones públicas, con las matizadas exclusiones del art. 3.2. de la Ley indicada, esto es: actividades de policía, seguridad, resguardo aduanero, peritaje forense y protección civil cuyas particularidades impidan la aplicación de la misma.

No obstante lo anterior, **la Ley inspirará la normativa específica** que se dicte para salvaguardar la seguridad y la salud de los trabajadores en dichas actividades; en sentido similar, la Ley prevé su adaptación a las características propias de los centros y establecimientos militares y de los establecimientos penitenciarios (art. 3.3 de la Ley).

La Ley 31/1995, de 8 de noviembre, citada, es la norma de transposición al Ordenamiento jurídico interno de la normativa comunitaria al respecto, siendo la más significativa la Directiva 89/391/CEE, relativa a la aplicación de las medidas para promover la mejora de la seguridad y de la salud de los trabajadores en el trabajo, que contiene el marco jurídico general en el que opera la política de prevención comunitaria.

Segunda. La interpretación jurisprudencial.

Esta cuestión, como señalan los informes tanto de la Administración General del Estado como la de la propia Junta de Andalucía, ha sido objeto de pronunciamiento por el Tribunal de Justicia de las Comunidades Europeas, que ha establecido una línea jurisprudencial en relación con los servicios y funciones públicas excluidos de este ámbito de aplicación, a los que se refiere el Art. 2.2 de la Directiva marco 89/391/CEE, configurada tal línea interpretativa en Sentencias como las de 3 de octubre de 2000 (Asunto SIMPA, C-3003/98); 5 de octubre de 2004 (Asunto Peiffer, C-397/01 a C-403/01) y, la de 12 de enero de 2006 (asunto C-132/04).

En síntesis, la línea jurisprudencial iniciada por el Tribunal de Justicia de las Comunidades Europeas al respecto, viene a establecer que la Directiva ha de aplicarse de manera amplia, teniendo por objeto promover la mejora de la seguridad y de la salud laborales de todos los trabajadores en su puesto de trabajo; y que las excepciones establecidas respecto de su ámbito de aplicación (actividades específicas de la función pública como Fuerzas Armadas, Policía o Protección Civil), deben interpretarse restrictivamente y; además, respecto a los servicios de Protección Civil, excluyéndose sólo determinadas actividades específicas de dichos servicios que por sus peculiaridades se pueden oponer de forma excluyente a las previsiones enunciadas en la propia Directiva.

En definitiva, la exclusión se adoptó a los efectos de asegurar el buen funcionamiento de los servicios indispensables para la seguridad, la salud y el orden públicos en excepcionales circunstancias por su gravedad o por su magnitud que se caracterizan por nos prestarse por naturaleza a una planificación del tiempo de trabajo de los equipos de intervención y de socorro.

Tercera. Previsiones estatutarias y normativa autonómica.

De acuerdo con lo establecido en el Art. 63 de la Ley Orgánica, 2/2007 de 19 de marzo, por la que se aprobó el vigente Estatuto de Autonomía para Andalucía, corresponden a la Comunidad Autónoma, en el marco de la legislación del Estado, las competencias ejecutivas en materia de empleo y relaciones laborales, que incluyen en todo caso: las de prevención de riesgos laborales y la seguridad en el trabajo.

En nuestra opinión, en el ámbito sustantivo de la cuestión o materia que nos afecta -Prevención de Riesgos Laborales y la Seguridad en el Trabajo-, la Comunidad Autónoma ostenta, en los términos previstos en el Art. 42.2.3 del Estatuto de Autonomía para Andalucía competencias ejecutivas, que comprenden la potestad de organización de su propia administración y, en general, aquellas funciones y actividades que el ordenamiento atribuye a la Administración Pública y, cuando proceda, la aprobación de disposiciones reglamentarias para la ejecución de la normativa estatal en la materia.

Es más, y, a mayor abundamiento, en el ámbito específico de competencias en materia de Policía Local, el propio Estatuto de Autonomía para Andalucía en su art. 65.3, establece que: «Corresponde, asimismo, a la Comunidad Autónoma de Andalucía la ordenación general y la coordinación supramunicipal de las Policías Locales andaluzas, sin perjuicio de su dependencia de las autoridades municipales» .

Por cuanto que, además, la Ley 13/2001, de 11 de diciembre de Coordinación de las Policías Locales en Andalucía carece de expresas previsiones en materia de salud y riesgos laborales, consideramos justificada la necesidad de actuación de la Administración Autonómica en el sentido que propugnamos seguidamente, toda vez que existen ámbitos y factores de seguridad y salud en el trabajo (condiciones de trabajo, vehículos, equipos, etc) de particular incidencia respecto a este personal.

En cambio en otras Comunidades Autónomas la normativa homóloga sí establece previsiones al respecto; así la Ley 9/2003, de 8 de abril, de Coordinación de Policías Locales de Castilla y León; la Ley 4/1992, de 8 de julio, de Policía Local de Madrid y el Decreto 67/2007, de 7 de junio, por el que se aprueba el Reglamento Marco de Medidas Urgentes de las Policías Locales de las Illes Balears.

Por cuanto antecede y considerando que como regla general la normativa sobre prevención de riesgos laborales resulta de aplicación a los Cuerpos de Policía Local -excepción hecha de los casos o supuestos tan particulares que se opongan a la aplicación de normas generales, en cuyo caso se debería aplicar una regulación específica inspirada en la regulación o normativa general-, existe habilitación suficiente para que se promueva su regulación por la Administración Autonómica en el ejercicio de competencias ejecutivas y de coordinación.

En su virtud, conforme a lo establecido en el Art. 29.1 de la Ley 9/1983, de 1 de diciembre del Defensor del Pueblo Andaluz, esta Institución formula la siguiente

RESOLUCIÓN DEL DEFENSOR DEL PUEBLO ANDALUZ

SUGERENCIA: Que por ambas Consejerías, se considere la legalidad y oportunidad de promover de forma conjunta, una iniciativa normativa tendente a desarrollar, en relación con los Cuerpos de Policía Local de la Comunidad Autónoma, los principios y previsiones establecidos en la Ley 31/1995, de 8 de noviembre de Prevención de Riesgos Laborales para aquellas actividades específicas que resultare de aplicación.